人生只有一次，
你要活得尽兴。

此生尽兴

［日］濑户内寂听 著

吕平 译

天津出版传媒集团

天津人民出版社

图书在版编目（CIP）数据

此生尽兴/（日）濑户内寂听著；吕平译. -- 天津：天津人民出版社，2020.6（2022.9重印）

ISBN 978-7-201-15965-2

Ⅰ.①此… Ⅱ.①濑… ②吕… Ⅲ.①人生哲学 - 通俗读物 Ⅳ.① B821-49

中国版本图书馆CIP数据核字(2020)第073174号
版权登记号：图字：02-2020-87

KODOKU O IKIKIRU
Copyright © 1991,1998 by Jakucho SETOUCHI
First published in Japan in 1991 by Kobunsha Co.,Ltd.
Simplified Chinese translation rights arranged with Jakucho SETOUCHI
through Japan Foreign-Rights Centre/Bardon-Chinese Media Agency

此 生 尽 兴
CISHENG JINXING

[日]濑户内寂听　著　吕平　译

出　　版	天津人民出版社
出 版 人	刘　庆
地　　址	天津市和平区西康路 35 号康岳大厦
邮政编码	300051
邮购电话	（022）23332469
电子信箱	reader@tjrmcbs.com
责任编辑	玮丽斯
监　　制	黄　利　万　夏
营销支持	曹莉丽
内文插画	王云飞
作者绘像	胖　乐
装帧设计	紫图图书ZITO®
制版印刷	艺堂印刷（天津）有限公司
经　　销	新华书店
开　　本	720 毫米 ×960 毫米　1/32
印　　张	7.75
字　　数	100 千字
版次印次	2020 年 6 月第 1 版　2022 年 9 月第 4 次印刷
定　　价	49.90 元

版权所有　侵权必究
图书如出现印装质量问题，请致电联系调换（022-23332469）

目 录
Contents

第 1 夜

把日子过得活色生香

今晚我们约好，谈一谈人类的本质——2
外面没有别人，只有你自己——6
认清生活的真相，依然热爱生活——10
按自己的意愿过一生——13
又寂寞，又美好——20

第2夜

人生无常，愿你活得清醒

爱，也终究逃不过无常的命运——26
愿你活得清醒——30
年轻的时候，想干什么就尽情去干吧——35
没有什么比价值观相同更幸运——40
在俗世中恣意潇洒地活下去——44

第3夜

婚姻：尊重彼此的界限

尊重彼此的界限——50
爱能塑造人的性格——53

婚姻是一种自由选择——56
不管有多少次艳遇，到头来还是空虚——59
要隐藏多少秘密，才能安然度过一生——63
婚外情就是为自己画地为牢——66

第4夜

失恋：别把幸福的权利放在别人手中

坦然接受爱情的不完美——72
有时候原谅是一种智慧——78
时间能治愈的，都是愿意自渡的人——81
我们终将遇见爱与孤独——86
忍受痛苦，是爱的一部分——93
爱情里，永远不要失去自己这个核心——97

第 5 夜

让你的伴侣成为一个真正的合作伙伴

夫妻生活需要仪式感——104
到了一定年纪,越需要彼此相依——108

第 6 夜

没人能陪你一辈子,
学会和自己好好相处

每个人的生命中,都有无比艰难的那一年——118
在这个世界上,最强大的力量始终是爱——126

第7夜

情人：很美很残酷

有条件的爱，不如不爱——134
敢做，就应该敢接受惩罚——142
做一辈子的情人，很美很残酷——144
对自己负责，相爱依然要分手——149
挣扎，是为了更好地选择——155
世间所有的离别，都是身不由己——160

第8夜

朝气蓬勃地老去

不是不被需要，而是你弄丢了自己——164
用清醒的爱抵制趁虚而入的性——169
不如任性过生活——173
不服老，就可以一直年轻——178
老去时需要的是关怀和体谅，而不是同情——181
爱在风烛残年时——186
衰老也可以如此美丽——191

第9夜

愿你此生尽兴

不管怎么争吵,最后还是要在一起—— 200
我终会忘了你的模样,但会铭刻下对你的爱—— 203
优雅地老去—— 210
愿每个人老去时都能遇到一个贞心尼—— 220
朝气蓬勃地老去—— 228
愿你一生不舍爱与自由—— 232

第 1 夜

把日子过得活色生香

今晚我们约好，谈一谈人类的本质

> 碌碌人生，我们光顾着为应付生活而疲于奔命，往往错过了许多风景。对待自己的心，大抵也是一样的吧！

欢迎光临。今晚恰逢满月，夜色怡人。在皓月的柔光下，前路也显得甚是光明。在这样令人沉醉的夜晚，即便是独自一人漫步在嵯峨野[1]，想必也不会觉得害怕吧。

在我看来，嵯峨野的月夜堪称日本第一。这些年来，作为旅行爱好者的我曾游历过数不清的地方，也曾在世界的无数角落留下了仰天望月的身影，却依然觉得嵯峨

1.嵯峨野，位于岚山北方，盘踞在优美的小仓山东麓，曾经是皇室的别墅所在地。竹林与小篱笆环绕的小径十分典雅迷人，从野宫神社到化野念佛寺之间的小径上，有常寂光寺、落柿舍、大觉寺、二尊院等坐落其间，气氛宁静幽雅。化野念佛寺有一万以上作者不详的石佛像，也十分著名。

野月夜在我心中的至高地位无可撼动。每逢结束在国外的旅行，好不容易回来站在寂庵门前的时候，凭门望月才能让我松一口气：啊，终于回来啦！在丝绸之路上的某个小镇、法国的某处溪流、印度的某个湖泊，我也曾见过类似的月儿，现在触景生情，那些异国赏月的记忆便像放电影似的浮现在我的脑海。

在旅行地，每个夜晚我都会仰头望月，心想此时的嵯峨野肯定也笼罩着同样的月色，继而对寂庵的静寂不胜思念。

> 异乡之夜仰望月，
> 身姿如故未曾变，
> 月是京都故乡明。

每当出门在外，我便会时常想起西行的这首和歌。同一轮月亮，却会引得无数人从世界的不同角落仰头眺望，由此想来，冥冥中便会产生一种不可思议的神秘感。然而我们最终都会习惯这种神秘感，总有一天，我们也会把它当成是司空见惯的存在。碌碌人生，我们光顾着为应付生活而疲于奔命，往往却错过了许多风景。对待自己的心，大抵也是一样的吧！

古往今来，月亮自始至终都在虚空[1]迈着舞步，看上去真是冷清啊。作为一颗独自运行在虚空的恒星，太阳和月亮有些类似，但它那过于刺眼的光芒让人不敢直视。月亮就不同了，它那柔和的月光总是吸引着我们的视线，在每个寂寥的漫漫长夜，仰视它的人总忍不住想要对它吟咏孤独之歌。

极目远眺，
心中的苦楚一如这澄澈秋夜里清冷的月亮。

这是西行《山家集》中的《月之歌》。

今晚我们可是约好了，要谈一谈人类的本质。

人类的本质是孤独。那么，就先从我说起吧。这个观月台，是我在这个寂庵唯一的奢侈物，是我当年建造寂庵的时候请求木匠在庭院里搭起来的。月色撩人的夜晚，将电灯完全熄灭，哪怕一盏孤灯也不留，就着月光做一个赏月架，在里面插上野花，供奉上亲手制作的月

---

1. 虚空，源自佛教语，意为天空、空间或充满空间的元素。

见团子[1]，独自欣赏这清冷的月光。

我时常被人问起，你孤家寡人的，难道就不感到孤独吗？我51岁出家为尼，在此之前疲于人生之累，饱尝孤独之苦，有时甚至会冒出干脆入土为安的念头。现在细细想来，那种近乎空虚和狂躁的状态还真是恐怖。出家以后，我渐渐地发现，曾经那般强烈的孤独感已在不知不觉中离我远去。

遁入佛门的我一直深信佛祖与自己同在，所以便不再感到像此前那般孤独难耐了。但若说现在的我一点都不感到孤独，那恐怕是骗人的。

当然，无论从质上来说还是从量上来看，26岁的您的孤独和69岁（当时是1991年）的我的孤独肯定是不一样的，这也是理所当然的。然而，我们却共同拥有"孤独"这个殊途同归的宿命，因着这个缘分，我们大概是能够相互理解的，对于这个话题也能够拥有共同语言。

孤独到底是什么呢？不管到了什么样的人生阶段，人们总是禁不住驻足嗟叹，上下求索。

---

1. 月见团子，在月见节里要吃一种江米团子，叫作"月见团子"，日语里称为"月见"。在日本，农历八月十五被称为"月见节"，这一天的夜晚被称为"十五夜"。

外面没有别人，只有你自己

> 独自一人降临世间，独自一人面对死亡，这就是造物主安排给人们的红尘宿命。因此从出生那刻开始，去除妄念，牢记这点便是明智之举。

我非常喜欢一遍[1]上人的一句法语[2]，并把它视为自己的座右铭。一遍上人是镰仓时代的僧人，主张念佛劝进，宣扬一种通过阿弥陀佛的誓愿普度众生、永登极乐的新

---

1. 一遍（1239—1289），日本镰仓时代中期僧侣，时宗之开祖。出生于伊予国（现爱媛县）。法讳智真。尊称一遍上人、游行上人、舍圣。谥号圆照大师、证诚大师。逝于摄津兵库津之观音堂（后之真光寺），享年51岁。
2. 法语，佛教语，对佛教所作的浅显讲解。禅宗中指禅师勉励和告诫修行者的话。

佛教。他在全国各地行脚，巡回说法，是时宗[1]的开山鼻祖。

那句深得我心的佛语便是：

"生是一个人来，死是一个人去。哪怕与人相伴，也难逃孤独之苦，因为无人陪你直到终老。"

在这句佛语之前的是：

"世间万事皆可弃，唯有孤独伴残生。"

这也是一遍上人临终时的法语。

人在本质上是一种生来孤独的存在，这便是这句佛语的内涵。

"人在出生时是一个人来，在死亡时也是一个人去。即便和其他人共同相处也还是孤身一人，因为在死亡降临时

---

1. 时宗，日本净土宗流派之一。文永十一（1274）年，一遍房智真所创。又作时众、时众宗、游行众或游行宗。总本山位于神奈川县藤泽市清净光寺（游行寺）。本尊是阿弥陀如来。以净土三部经（《无量寿经》《观无量寿经》《阿弥陀经》）为所依经典。本宗名称系依据《阿弥陀经》经文"临命终时"而来，盖人生无常，时时刻刻处于生灭之中，故"平生"与"临终"等无差别。为表此意及本宗念佛之旨，遂命名为时宗。

无人陪你同去。"

"即便和其他人在一起也还是孤身一人。"初见这句法语，我便被深深地打动了，从此再难遗忘。所谓"陪你终老"，一般是指夫妇二人白头偕老，死后同穴，意为夫妻之间爱情长久。生同衾，死同椁，然而一遍上人却把这美好的愿望完全否定了。

到了最后，不管是感情多么深厚的夫妻、父母子女或是兄弟，都不会同时离世而去，"同去"的愿景压根就不会实现。

生是一个人来，死是一个人去，如是而已。即便是双生子，出生时也是先后有序。就算是彼此再怎么深爱的夫妻、恋人，也不会同时同刻离开人世。

总有人先一步离开，总有人多一分残喘。就算两人相拥殉情，说不定也有可能自己殉情失败，对方得以幸存。哪怕是做好了一起上吊的打算，也说不准自己会意外脱绳而苟延残喘。大概对方是做好了和自己共同赴死的打算，但逝者却永远都无法确认了。

在《大藏经》[1]里，也做了"独生、独死、独去、独来"的记载。

独自一人降临世间，独自一人面对死亡，这就是造物主安排给人们的红尘宿命。因此从出生那刻开始，去除妄念，牢记这点便是明智之举。即便如此，人们还是会孤独难耐，本能地回避问题，不敢承认。

---

1. 大藏经，类似于佛教的《百科全书》，汇集了所有的佛经、戒律、论。

认清生活的真相，依然热爱生活

> 生而为人，要是缺少与他人的交流和接触，不管是身体还是心灵，恐怕都活不下去。

人是孤独的，所以才会手拉手、相依相偎地相互取暖。心与心之间也需要交流，因而寻找一个合适交流的对象便列上了需求清单。我们渴望寻到一个理解自己的人，这样，内心的烦恼便有人来分担了。

从"人"字的结构来看，是一撇一捺相互依偎的形象。再往深处想一下，这个象形文字不正说明了人类生来孤独的宿命吗？从这个字的字形延伸，生而为人，要是缺少与他人的交流和接触，不管是身体还是心灵，恐怕都活不下去。"人"这个字通常泛指人类，个人只不过是人类大家族中的一员，在与人的交际中繁衍生息。然而，人，却依然是个孤独的存在。

第1夜　把日子过得活色生香

有个词，叫"同床异梦"。不管彼此如何深爱，即便在同一张床上相拥而眠，两个人也不会拥有同一个梦境，而是各做各的梦，不踏足对方梦境半步。这种情形，也是我们所说的一种孤独。

如果你觉得自己并不孤独，也不过是一种幻觉。

孤独是寂寞的，这也是理所当然的事情。因为身处寂寞，便能体味他人的寂寞之情。因为自己饱尝寂寞之苦，便会不自觉地由己及人，心想别人是不是也在渴望能有个人倾诉，如此一来，对对方的同情便油然而生，既而渐渐理解，最终爱由心生。这个爱，指的是同情、体谅之心。

对自己的孤独确实无感的人，便也确实是个爱无能了。这种人认为自己对自己是真爱，实际上却是一种错觉，他认为的那种真爱事实上不过是个冒牌货。

从出生的那一刻开始，人便踏上了孤独的漫漫之旅，此后直至终老，仍然不能从中踏出半步。我们应该认清这个事实。

联想一下母体之内的胎儿，是不是自己的双手紧紧地抱住蜷曲的双膝、头颅低垂触膝的形象呢？

这个形象，看上去是多么的孤独啊！人在娘胎里时便是如此孤独的存在，想必见过这种景象的人都会产生这种领悟。所以，在一个人真正感到孤独难耐时，便会不自觉地蜷缩成胎儿般的悲伤形态。

坂口安吾[1]有句名言："孤独是人类的故乡。"说的大抵如此吧。

1.坂口安吾，日本作家，本名坂口安吾，新潟县出生，东洋大学文学部印度哲学科毕业。早年性格叛逆浪漫，嗜读讽刺喜剧及巴尔扎克、谷崎润一郎、爱伦·坡、波特莱尔等名家作品。1931年以《风博士》一文跃上文坛，作品多呈戏谑及反叛色彩。

按自己的意愿过一生

假如我就当自己已经死了,是否就能重走一段完全不一样的人生之路呢?

荣格[1]曾在他的自传里提到:

"所谓孤独,并不是因为身边没有他人才会产生,而是自己看重的事情却无法向他人传达,自己持有的观点不被他人接受,如此而已。"

自己的想法得不到他人的理解,个人的思想始终与周围的人相悖,对于别人的思想也无从领会,这些时候,就会感到孤独吧!

---

1. 荣格(1875—1961),瑞士心理学家和精神分析医师,分析心理学的创立者。早年曾与弗洛伊德合作,曾被弗洛伊德任命为第一届国际精神分析学会主席。

我们生活在这个社会之中,和独自一人生活在孤岛上的鲁滨孙·克鲁索[1]并不相同,和与世隔绝、独自一人在深山修行的苦行僧也不尽相同。

像我们这种普通人,都生活在由许许多多普通人构成的社会之中。因此,作为生活在人类社会中的一员,是不可能体味到荣格所说的那种因为自己周围没有他人存在才会产生的孤独的。相反,我们还时常身处人群之中:家庭生活有家人相伴,来到学校有校友相陪,到了公司有同事做伴,就连去车站自己周围也有一大群行色匆匆的路人。就这样,我们时常被淹没在人海之中。因此,我们并不能说,感到孤独是因为身边没有其他人存在。

对自己而言重要的想法无法向他人传达,这种情形我深有体会。

举个例子,海湾战争[2]爆发时,我曾参加过反对战争

---

1. 鲁滨孙·克鲁索,《鲁滨孙漂流记》的主人公。该小说由丹尼尔·笛福在59岁时创作,首次出版于1719年4月25日。这本小说被认为是第一本用英文以日记形式写成的小说,享有英国第一部现实主义长篇小说的头衔。
2. 海湾战争,是指1991年1月17日—2月27日,以美国为首的由38个国家组成的多国部队以联合国的名义,为恢复科威特领土完整而对伊拉克进行的战争。

第 1 夜　把日子过得活色生香

的绝食抗议活动。在为期 7 天的绝食期间，我祈祷战争能够马上结束。作为市民，我觉得自己应该为阻止两国之战做些什么，但也衷心为自己力量的绵薄而感到遗憾。然而，我毕竟是一名佛教徒，身为佛教徒，我有义务谨遵释尊[1]"不杀生"的戒律。

在感叹力量薄弱的同时，我依然下定决心去请愿。可是作为一个 51 岁出家、时年 69 岁的道行尚浅的修行者，我请愿的力量可想而知。当时我高估了请愿的力量，甚至还为此做好了豁上性命的准备。正因为如此，我才动了绝食抗议的念头。

对我而言，海湾战争不仅是波斯湾地区的战事，也是事关我自己生活理念的问题。生活在同一个时代，同为地球人，我和当时爆发的伊拉克战争并非毫无关联。生活在那里的人们连日来遭到恐怖袭击，饱受狂轰滥炸，我对他们的恐惧感同身受。在经历了一段心无宁日的心路历程之后，我决定开始绝食请愿。

"干得好！我和你想的一样，这场愚蠢的战争就不该再让它进行下去。"我收到了许多诸如此类充满激励的电

---

1. 释尊，"释迦牟尼世尊"的略语。

报和信笺。然而另一方面,"别再做这种沽名钓誉的事了!""什么?那个人居然有如此奇怪的举动,真是个傻瓜!"这类似的威胁和谩骂也呼啦啦地一并涌来。

能够得到别人的理解,我并不感到孤独。然而,出乎我意料的是那些不知情的人——甚至是我身边的朋友,他们竟然会侮辱我、攻击我。啊!他们为什么就不能理解我的心意呢?我百思不得其解。那些从前和我亲密交往过的人,你们现在都做了些什么?一种空虚之情涌上了我的心头。

那时,我便深深领悟了荣格所说的"自己看重的事情却无法向他人传达"的孤寂之感。

出家的时候也是如此。当时的我姑且也算是过着作家的生活,早在两年前就开始写连载小说了。身为一名流行作家,一天到晚我都为了工作忙得不亦乐乎。凭着自己的收入,我能买到喜欢的东西,吃上想吃的食物,想去哪儿旅行便能到哪里去。换句话说,我过着随心所欲的生活。在外人看来,我可能过得还算奢侈。然而在我的心中,无以言说的空虚感与日俱增。活了 50 多岁,我的生命历尽了万水千山。我拥有比常人更强烈的人生体验,遭受了多于常人的苦楚,享受到甚于常人的欢乐以及拥有烈于常人的爱情体验。这么说来,我还剩下些什么呢?社会赋予我的虚名、一点点金钱上的余裕、自己写的几本书籍……不仅仅是这些,还有无以言说的徒劳。

徒劳是剥夺人生意义的罪魁祸首。我甚至开始产生了这样一种心绪,那就是该看的东西都已经看完了,除了死亡,随之对死亡的憧憬越来越强烈。

怀着这样的心情思来想去,我时不时地产生这样的念头:假如我就当自己已经死了,是否就能重走一段完全不一样的人生之路呢?因此,我便对外宣称自己想要出家,想过一种日本古人般的返璞归真的生活。随着时间的推移,我终于等来了时机成熟的这一天,削发为尼,入了天台宗一流,完成了皈依佛门的蜕变。

然而在当时,我始料未及地感受到了平日里关系非常好的作家朋友们的反感,并受到责难。

当这种声音传到我耳朵里的时候,我到底还是感到有些惊讶的。事实上还感到有些孤独。然而没过多久我便释然了,因为我开始意识到,毕竟出家之类的事情完全就是个人的私事,想让别人也能对此感同身受,这个想法本身就太过天真。不管在自己看来是多么重要的一件事,到了别人那里大抵也是无关紧要的,这种心情也算是人之常情。所以,时至今日,想让别人轻而易举地就理解"出家"之类离经叛道的行为,这本身就是一个错误。

在出家的得度[1]仪式上,在剃度头发之前,戒师(受戒的法师,仪式上举足轻重的人物,引渡新僧的僧人)曾对我口授《辞亲偈》的心诀。请让我来阐述一下这首辞别亲人的心诀吧。

> 流转三界中
> 恩爱不能断
> 弃恩入无为
> 真实报恩者

这是一首佛教的诗歌,意思是说,我们这些误入红尘的凡人,总有和他人斩不断理还乱的情爱,而只有彻底舍弃这些人际关系的恩怨情仇,进入无为之境,我们才能真正实现报恩。

---

1. 得度,佛教语,指得到引渡,披剃出家。

第 1 夜　把日子过得活色生香

所谓出家得度，就是说要抛却红尘的一切情爱，包括父母子女之爱、夫妻之爱、友人之情等。

坦白地说，我在出家时可没有这么高的觉悟，之所以选择出家得度，是因为实在受不了这磨人的空虚之苦。

这么一来，我再抱怨别人不理解自己的出家行为，从一开始就已经错了吧。

对于那些尚未彻底陷入无可自拔的空虚之中的人们，便也谈不上真正的营救吧。

说到这里，我们的话题也进入了瓶颈。

明月当空，今夜的月儿还真是清朗怡人。

又寂寞，又美好

感受寂寞的时候，独自一人仰天望月，
自己的心也渐渐变得如皓皓明月一般澄明。

在 23 岁那年，西行[1]便遁世出家了。从那时起，他开始到高野山修行，长年游历在外。他的足迹遍及都城的每个角落，身影也时常出现在吉野和伊势的草堂。直到圆寂，他都一直过着一种关起门在草堂修禅、打开门去行脚旅行的生活。

这个盘踞在小仓山麓的嵯峨野，恰巧就在寂庵附近。

---

1. 西行（1118—1190），俗名佐藤义清，生于官宦之家，很早就进入官场，1140 年 22 岁时辞去鸟羽天皇（生卒年 1103—1156，在位 1107—1123）的守卫长之职，出家修行，和藤原定家是当时并称的两大俳句家。其后，他多次游历在外，尤其是本州北国之旅对后人产生的影响较大，如日本俳句大师松尾芭蕉（1644—1694）的《奥州细道》即是受他的启发。

西行在出家前俗名叫佐藤义清，是当时鸟羽院的北面武士。这个年轻的武士能耐十分了得，不仅弓马娴熟，无人能出其右，还很擅长蹴鞠，礼仪大方得体就不说了，就连诗歌也很拿手。能被选为北面武士的青年，个个都是出身优越、容貌俊美。佐藤家也不例外，在当时也是个拥有良田万亩的富裕世家。想当年，已经结婚并育有一女的西行突然决定出家，在当时可以称得上是个夺人眼球的劲爆新闻了。

既然是遁世生活，那么自然就是独自生活了。遁世的西行在感到孤独时，便以自然为友，时常还将难耐的寂寞吟咏成自己喜欢的歌谣，以物传情。

比如说，他看见月亮时，便吟咏出了这类俳歌：

洒在孤单草堂上的月光哟，就像我在山里的友人。

人影在月下交叠，倘若有人能陪我一起赏月，该有多好啊。

孤身一人居住在草堂的西行，孤独因夜月的存在而得以稍稍消解，开心之余却发现孤零零的草堂中只有自己的身影同自己一起欣赏这如银的月光，心想要是有人和自己一起赏月就好了。

用平静的语气咏叹出孤独的感伤，这便是西行俳歌的风格。西行将自己遁世闲居中的孤独寄情于诗歌，让孤独完完全全地客观流露，这样，不仅孤独的情感得到了升华，就连他自己也从中得到了解脱。

在西行看来，诗歌对孤独的治愈功效已然超出了佛法和自然的力量，是他不可多得的朋友。

无论何时何地，月儿总是皎洁。而我的心又何去何从呢？

感受寂寞的时候，独自一人仰天望月，自己的心也渐渐变得如皓皓明月一般澄明。人月交融，宛若一体。上述诗歌表达的便是这种朦胧的心灵状态。在这种情形下，闲居生活的空虚寂寞给他带来了心灵的平静，下面的诗歌便是个很好的例子。

月朗星稀秋来到，厌世烦事多烦恼。若非此身居于世，何来明月伴终老。

在这纷扰的俗世，却也拥有着月儿澄明的秋夜，若非还在这世上苟延残喘，恐怕也见不到今天这样的月亮。这首诗歌说的便是这般铭刻于心的感悟。类似的诗歌还有：

第 1 夜　把日子过得活色生香

世事纷扰无牵挂，秋日明月寄吾心。终日留恋不知返，唯有对月觅知音。

西行在出家以后，时常将草堂大门紧闭，外出禅游，虽然身心感到孤寂，但同时也有了享受孤独的倾向。

在这冬日的荒山野岭，和我一样不堪孤独的大有人在，但我还是选择与草堂为伴过冬。

独守松山为异客，荒山冬日倚独眠。我道苍凉为客吟，只道此心居深庵。

万万没想到啊，上了年纪以后便再也没有了夜行中山道的心思。这难道就是命中注定的吗？

这 3 首咏叹孤独的诗歌可以称得上是西行的绝唱，我个人也非常喜欢。

现在到了回家的时间了吗？民宿[1]夜晚关门的时间马上就要到了，请大家在回家的路上注意安全。明天晚上，我将依旧在这里恭候大家光临。

---

1. 民宿，家庭旅社，指百姓家庭作为副业经营的住宿设施。须经批准，方可营业。位于旅馆、宾馆较少的地区，在特定季节服务于滑雪、海水浴等游客。

第 2 夜

人生无常，
愿你活得清醒

爱，也终究逃不过无常的命运

> 相爱的时候，人们都不愿去想自己有朝一日会遭到背叛，更不愿相信在未来的某一天，自己会对此时此刻深爱着的对象激情尽失、满怀厌倦。

欢迎光临。昨晚您睡得还好吗？那家民宿地方虽小，却能带给人家一般的宁静体验，您觉得呢？因为老夫妇待客热情，所以民宿便招来了很多回头客。阿婆烧得一手京都风味的家常菜，美味非凡，得到了大家的一致好评。

昨夜皓月当空，天空是难得的清朗，不承想今晚却是乌云密布，把月儿的光华遮了个严严实实。

然而我想，在那厚重乌云笼罩的天空中，今晚的月儿依然是一个人迈着孤单的舞步。对于月儿的孤单，我也深有同感。就像上面说的那样，如果您也曾亲眼看见过月儿的光华，想必现在仍然历历在目吧。

人与人之间的关系大抵也是如此。我们在现实生活中邂逅，凝视彼此的面容，接近后感到亲密，继而共话家常。即使分别后，哪怕对方已从眼前消失，我们在蓦然回首时，眼前依然会时不时地浮现出对方在各种情形下的言行举止及表情。这种感觉，仿佛对方一直都在自己身边，从未走远。

因此，我们便产生了一种错觉，妄想眼前所有的种种都会一直持续下去，直到永远，即便我们连即将发生什么都无从知晓。

就像在岛原云仙休眠了 200 年的普贤岳[1]，突然有一天火山喷发了，猝不及防地便土崩瓦解了。明天会发生什么，我们谁都无从得知。哪怕是下一秒即将发生的事情，对现在的我们而言，也是个未知数。通常，世界的万事万物都处于不断的变化之中，就像我们从降生的那一刻开始，直至躺进墓穴之前，都在一天天地变化、衰老。

佛语中有个"无常"，便将上述现象阐述得十分到

---

1. 普贤岳，矗立于长崎县岛原半岛的云仙岳的主峰。海拔 1486 米。

位。这个世界上发生的一切都处于不断的变迁之中，无时无刻不在发生变化。心也是如此。

人与人之间的关联、交集以及爱情，也处于无常之中。就拿结婚仪式来说，不管是在日本传统的神道仪式上，还是在寺庙的佛教仪式上，抑或是在基督教的教堂仪式上，新郎新娘总是在神佛面前信誓旦旦地起誓：夫妻恩爱，永不变心。然而，世界上连年上升的离婚率无不说明，这仅仅是个美好的心愿，因为夫妻之爱也绝不是一成不变的。

与结婚仪式上"永不变心"的誓言相比，

"正因为我们的爱并非坚不可摧，那就恳请神佛保佑，让它细水长流。"

这样的祈祷才算合理明智。

相爱的时候，人们都不愿去想自己有朝一日会遭到背叛，更不愿相信在未来的某一天，自己会对此时此刻深爱着的对象激情尽失、满怀厌倦。当意识到这一点时，不是对方身边出现了新欢，便是我们身边出现了比恋人和丈夫更令自己心动的人了。如此看来，人的内心充满了不确定性。因此，人们为了追求爱的誓约或协议的达成，便找来了证明人。在结婚仪式上，新郎新娘请来了神父、僧侣、神主之类的证婚人，还有一众列席观礼的亲友团作证。

然而，以上那些终究只是一种虚礼和仪式，在见惯了无数爱情破裂的经历之后，我们终于明白，爱，也终究逃不过无常的命运。

愿你活得清醒

> 在自己邂逅孤独的时候，如果没有沉溺其中不可自拔，那么就请试着分析一下自己产生孤独情绪的原因。

在我们被幸福包围的时候，或是自觉正处于幸福之中的时候，便会对自己的孤独熟视无睹。即便如此，孤独也和我们生命的经历如影随形。不对，差点忘了，在出生以前，孤独就已经像皮肤一样，是我们血肉之躯的不可分割的一部分。

在我们邂逅孤独，或者说是发现孤独的时候，多数是在不幸福的情况下。把这个不幸的自觉称为与孤独的邂逅恐怕更贴切些。

缺乏必需的金钱时，期冀的东西无法得到时，遭遇朋友和恋人的背叛时，没有通过入学考试或入职考试时，觉得自己姿容不如别人时等不称心的事情，在世界上的每一个角落都在发生，竞争失败时，和爱人生离时，深信自己被同伴排挤时，生病时，自己的意见无法被别人接受时，等等。自身不幸的形式内容多种多样，要是一一数来，怕是永远都数不完了。

总而言之，在意识到自己此时正处于痛苦之中的时候，我们方能感知像皮肤一样紧贴自己的孤独。孤独是人的皮肤，痛苦是人的肉身，二者相互依存，缺一不可。

在佛教教义里，痛苦是世界的本源。释迦牟尼佛便是如此宣扬佛法、教导众生的。这里所谓的痛苦，通常指代世间的四苦八苦。

所谓四苦，说的是生、老、病、死这四种苦。

生苦，指代出生的痛苦；

老苦，指代变老的痛苦；

病苦，指代生病的痛苦；

死苦，指代死亡的痛苦。

其他的痛苦，是指爱别离苦、怨憎会苦、求不得苦、五蕴盛苦这四种苦。

爱别离苦，指的是和心爱之人分离的痛苦；

怨憎会苦，指的是和冤家、仇人没办法避开，每每要见面的痛苦；

求不得苦，指的是对期冀的东西求而不得的痛苦；

五蕴盛苦，指的是执着于五蕴（即色、受、想、行、识五种身心聚合）的痛苦，是上述七种苦的概括。

前面的四种苦和后面的四种苦，加起来便是四苦八苦。

只要我们活着，便无论如何都无法从这四苦八苦中解脱出去。而且，这些人生之苦往往很少单独出现，而是交织在一起来袭击我们。

虽然有心爱之人，却遭到背叛，恋人离自己而去，这就是爱别离苦。倘若他的新欢是自己的好朋友，或者是自己的妹妹之类的人，怨憎会苦便交叠出现了。

自己无论如何都无法对前任恋人死心，这便在爱别离苦上又加了一层求不得苦，痛苦的感受倍增。最后百苦交集，不堪煎熬，便陷入了五蕴盛苦之中。

老、病、死这三种苦，大都也是相伴相生。上了年纪便容易生病，生病的老人便难以治愈，如此便与死苦紧密相连了。

在切身体验了这些人生之苦以后，我们便具备和孤独邂逅的契机了。反之，倘若平日里我们过得逍遥自在，

第 2 夜　人生无常，愿你活得清醒

对孤独并没有如此深刻的体验，便会因为惧怕孤独而自欺欺人。

在我们的日常生活之中，很少存在那种原本就是孤身一人的人。

在我们的孤独感之中，形而下的成分多一些。比如说手头紧却没人借钱给你，只有自己一人没被邀请参加茶话会，自己在朋友结婚仪式上送上的祝福没被对方接受，这类事情足够引发折磨人的孤独感。

只要我们的身心被这类形而下的孤独感所占据，不堪其扰，在没有深入思考让自己产生这种孤独情绪的原因的情况下，便容易只见现象不见本质，对不接受自己的人产生怨念和憎恶。

之所以别人不愿借钱给你，可能是因为你曾有过借钱不还的经历，或是平日里花钱大手大脚、经常缺钱，别人认为你是自作自受。而你却连想都不愿意想。

之所以没被邀请参加茶话会，一般是因为缺乏服务精神。虽然身处聚会场合，却面无笑意、闷不吭声；大家都在唱歌，你却闷葫芦似的一声不吭，无疑是在兴致高昂的聚会上泼足了冷水，被嫌弃了还不自知。

凡事有因才有果，就让我们试着思考一下产生孤独的原因吧。佛教中把它称为因果。然而还有一种情况，就是虽然自己胆怯，却具有很强的服务精神。只要有人，便会变身为"人来疯"，服务起来用力过猛。自己虽然想要做得更好，但往往过犹不及，过度服务反而招人反感，让人敬而远之。这样的例子也是存在的。

这也是犯了自大的毛病，觉得这件事除了自己谁都做不好，无形中给别人添了麻烦，而自己却没有意识到。

在自己邂逅孤独的时候，如果没有沉溺其中不可自拔，那么就请试着分析一下自己产生孤独情绪的原因。通过分析产生孤独的原因，便可知道它的特性了。

年轻的时候，想干什么就尽情去干吧

> 正因为感情丰富，所以在和比自己感情投入得少的人交往时，便会陷入不甚满意的不安之中，深受其苦。

我有个熟人的女儿两次自杀未遂，不久便来到我的住处拜访我。我们姑且把她称作愁子吧。

在日本，她家可以说是个典型的中产家庭。父亲是大公司里能干的候补董事；母亲是音大毕业的才女，也曾梦想成为一名歌剧女皇，直到和她父亲相恋以后才放弃了自己的歌剧梦想，嫁做人妇，回归家庭并生下了三个孩子，立志成为一位贤妻良母。

考虑到照顾三个孩子并没有消耗太多精力，母亲便在家里办了个钢琴学习班，还组建了一个合唱俱乐部，把工作搞得有声有色。

这个母亲把自己未能完成的音乐梦想寄托在了排行

老二的愁子身上，希望她将来成为一名专业的音乐家。

愁子还没到5岁，母亲便迫不及待地给她上起了钢琴课。虽说亲自给女儿上课容易娇惯孩子，但她从一开始就没显露出长辈的宠溺。

当和愁子一般大的孩子都在尽情玩耍时，愁子却得日复一日地上难熬的钢琴课。不用说，不管是在小学还是中学，愁子的钢琴水平都是学校公认的第一，参加比赛拿了好多奖，母亲很是欣慰。

上了中学以后，愁子对钢琴的厌恶到了忍无可忍的地步。即便如此，她还是鼓不起勇气向母亲摊牌。

因为她知道，母亲对自己音乐梦想的期待越来越大。

像往常一样，她依然每天练八九个小时的钢琴，边弹边掉眼泪。

愁子与孤独的最初邂逅，便从这个时期开始了。

让朋友们艳羡的家庭和家族、盛大的钢琴比赛授奖仪式、在朋友中首屈一指的钢琴技能以及由此收获的尊敬及荣誉，愁子的身上尽是光环，可此时此刻的她却是如此的孤独，谁都无法理解她的痛苦，真是令她心烦意乱。

第2夜 人生无常，愿你活得清醒

"练琴之类的事情最烦人了。"大哭了两天之后，她开始羡慕断然放弃钢琴的妹妹顺子。作为家里最小的孩子，顺子被大人们宠坏了，想干什么就干什么。

"你身上流淌着的可是母亲的血，从出生以来就继承了我的钢琴素养。在这个世界上，天资优秀却没钱学习的孩子满大街都是。家里给你准备了3台钢琴，不管你去哪儿求学都有充裕的经济保证。这么好的家庭条件，你不好好学习，脑子里到底是怎么想的？"

每当被母亲如此激励，愁子虽然心里烦透了练琴，但还是一声不吭，恹恹地向钢琴走去。家里的所有成员，都以为这个孩子是真心地喜欢钢琴，并对此深信不疑。

终于，在日积月累的压力下，愁子在上中学二年级的那个春天患上了神经症。

在浴室想把自己的手指割下来，也是那时候的事情。庆幸的是，这一幕被偶然去浴室看一眼的顺子撞见了，愁子才没有落下重大伤残。即便如此，想想也让人后怕。

经历了这件事以后，家里人整天都提心吊胆的，而愁子的孤独感反而愈发浓烈了。

与其说愁子的性格渐渐变得阴郁沉闷，倒不如说周围的人都深信她就是这样。人们说她难以接近，不适合社交，这对她而言又是多大的遗憾。

愁子比别人更加温和可亲，情感更为丰富、更加敏感细腻。一直以来，她就是个温柔和善的人，伤害别人比伤害自己更让她感到痛苦。即便如此，别人还是给她扣上了一顶性格冷漠、感情淡薄的帽子。

因为敏感，所以更容易受伤。正因为感情丰富，所以在和比自己感情投入得少的人交往时，便会陷入不甚满意的不安之中，深受其苦。有时也会沉溺于自己丰富的感情之中，无法自拔。

这种情绪却无人理解，心烦意乱而又寂寞难耐的愁子，就这样被推向了抑郁的深渊。

她的想法非常单纯，只是想完成母亲心中规划的愿景罢了。她扭曲自己的欲求，向着被规划好的方向努力。出乎意料的是，这样做的结果竟招致了自杀未遂的后果。曾经的模范生一举沦为问题儿，这种挫败感将她的自信与自豪全都夺走了。

没能达成母亲的殷殷期望，丧失自信的愁子觉得自己就像个废物。与此同时，她还陷入了让母亲希望破灭的自责中。这些乱七八糟的情绪让她感到非常痛苦，而她的母亲却全然没有留意到,认为她只不过在偷懒。以上种种,更加深了愁子的绝望感。

这种孤独和绝望,是职业女性抚养的孩子的典型病例。

像这种情况,如果和母亲好好谈谈,使母亲能够意识到自己的过错,想必愁子会及早恢复吧。

如果病情加重,进而演变成厌食症或者暴食症的话,自然而然会被学校劝退,甚至演变成疑难病症的情形也是存在的。

人真的是非常脆弱的,我们最好能够意识到这一点。即便如此,我们也不应该自暴自弃。

没有什么比价值观相同更幸运

> 价值观相同的同伴，不管是作为恋人还是夫妇，我想他们都会是最幸福的。

像愁子的这个案例，起初只是为了想得到优秀母亲的夸赞，憧憬着有一天能变成像母亲一样出色的人，在母亲"毕竟是我的孩子，你也可以的"言语下，接受着这样的暗示。

然而，人世间是不存在绝对相同的两个人，即便是父母和子女也不尽相同。哪怕是亲兄弟，也性格各异。就算是同卵双胞胎，性格迥然不同的比比皆是。他人和自己更不可能一模一样了。如果因为别人不能像自己所想的那样理解自己而动怒的话，便是无理了。十个人有十种想法，每个人都有自己的不同立场。如果每个人都只站在自己的立场上发表见解，妄想让别人产生和自己相同的感受、想法、行动，那是绝不可能的。因为和自己不一样而责怪对方,到头来只会把自己置于孤立的境地,苦不堪言。

婆媳关系也是如此。毕竟双方成长的年代不同,家庭环境也不尽一样,要是因为彼此不认同而横眉冷对的话,那么对双方来说都不是一件幸事。即便能够正视彼此的不同,倘若没有做出一定妥协的意愿,双方相处时也不会顺利、融洽。

夫妻相处亦是如此。原本没有任何关系的两个人开始了同一屋檐下的生活,一切都显得怪怪的。如果夫妻双方不互相谦让、彼此体谅的话,往后的日子恐怕也过不下去。此时,如果看清了人生来就是孤独的这一点,是不是便容易体恤对方了呢?

我是一个活得非常自我的人,很多时候都是风风火火的,自己想到什么便会立即付诸行动。见了那种慢性子的人,自己干着急也没用,这时候我便心想:"他怎么会这么慢呢?"然而在见多了所谓的"慢事"之后,我才渐渐理解,和自己"差不多就行"的心态不同,他们追求的是慢工出细活。

"啊,这正是那个人的优点啊!"对对方的印象不禁来了个一百八十度大转弯。

就这样稍稍改变一下看待事物的角度，大多数人也就能和谐共处了。差不多所有的情形，缺点或许是优点，优点也可能是缺点。

同一屋檐下的生活往往令人的喜好都渐渐变得相同，但价值观到死都相悖的夫妇也大有人在，这不能不说是个悲剧。

有的人认为，这个世界万事都离不开钱，有钱便能买到一切。而他的伴侣却认为，有钱没钱无所谓，只要有爱就行。这两个人的共同生活是绝对不会一帆风顺的。

就拿孩子的教育问题来说，一方家长认为不必削尖了脑袋往所谓的一流大学里挤，让孩子培养好能力、选择自己喜欢的道路就可以了。而另一方家长却宁愿使用行贿之类的肮脏手段也一定要让孩子进入一流大学，希望孩子毕业走向社会以后能够成为一名医生或是律师，并认定对孩子来说这才是最好的选择。这只能说明夫妇双方的观点完全相反。

说起什么最恐怖，再没有比人生价值观的不同更不幸的了。如果双方无法达成理解，那么对彼此都是个悲剧。这个时候，即便作为夫妇共同生活在一起也会心生嫌隙。正因为是夫妇，所以彼此的孤独便更加难熬。

价值观相同的同伴，不管是作为恋人还是夫妇，我想他们都会是最幸福的。

父母和子女价值观不同，大多会加深彼此的孤独感。

孤独是一种文明病。对于那些感受迟钝、缺乏想象力的人来说，他们大多不会留意到它的存在。因此可以这么说，能够感受到孤独的人都是文明程度比较高的。

在俗世中恣意潇洒地活下去

> 不管你在今后遇到多少挫折和失败,都要在这个俗世中好好地活下去。情感丰富、烦恼多多的人,也拥有着体恤他人的悲伤和痛苦的力量。

结婚前夕,结婚对象却突然遭遇交通事故猝死街头,这是多么伤感的一件事情啊。好不容易从这种离别之苦中走出来,新的恋人出现了,经过一段时间的交往,马上就要谈婚论嫁了,可就在这时,他却被你的朋友给拐跑了。被自己信任的人出卖,这次就是生别了。

我从邮箱里取了封没有贴邮票的信。因为写信的人说不出口,所以便在今天早上送了过来。写信人出于孤独和对人的不信任而感到非常绝望,告诉丈夫想要出家,但却遭到了丈夫的反对。

第 2 夜　人生无常，愿你活得清醒

出家可不是这么现实的、形而下的事情。

想想看吧。你的未婚夫（妻）因事故身亡，你能想象有朝一日你会从当时的悲痛欲绝中走出来吗？你恨不得随他（她）而去，家里人对你严加看管，生怕你做出什么傻事。然而不管多么苦、多么痛，只要咬着牙活下去，在"时间"这剂良药的作用下，伤口便在不知不觉间渐渐愈合了。人类拥有忘却的能力，究竟是神佛的惩罚，还是天赐的恩宠，至今我都没想明白。然而，不管是怎样痛苦的体验，还是多么残酷的回忆，都绝不会像刚发生时那样一直缠着人不放，不肯消弭。

我并不认为你现在的绝望感和孤独感是骗人的。看得出来，现在的你是那么的不舍，痛彻心扉。

即便是这般痛苦，5 年过后也会痊愈，那时的你恐怕会期冀一个新的恋人了。

越过无数不幸的山峰，继续向前走下去，我想这便是人生之道。只有时间这个特效药，能够帮你从孤独的深渊中爬出来。想要一蹴而就是不现实的。像设想中的那样，在婚前便能看清恋人不忠的嘴脸是最好不过的。如果无缘的话，尽早抽身便是了。

我对伤痕累累、多苦多难的人抱有好感。那些有着深深挫折感的人，往往爱得更深。从长远来看，这绝对是好事，而非不幸。那些不曾受过任何伤害、不知挫折为何物的人，容易变成不知同情、自私自利的一类人。你之所以现在正承受着痛苦，是因为你有深爱的人。

虫鸣声声响。可百虫齐鸣，究竟哪一声是哪一只发出的，还真是不好分辨。

在嵯峨野，蛙声阵阵，蝉鸣连连，可不可思议的是，不管它们怎样鸣叫，都不会让人感到聒噪心烦。

这种虫鸣声渐渐弱了下来，等到蓦然反应过来时，竟发觉连一声叫声都没有了。

那时的我只身一人住在嵯峨野一隅的庵房中，灵魂出窍般地眺望着远方，感到还有另一只眼睛在关注着这一切。从那只眼睛看来，当时我的样子恐怕该是异常地孤独，然而现实中的我却一点儿也不感到孤独，或者可以这样说，我正在神清气爽地享受着孤独。然而我毕竟是一个古稀（当时是1991年）之年的老尼了，还是一个小说家，也不是随便是谁都能劝得了的。

而你现在才是个20多岁的年轻人，我希望你不管在今后遇到多少挫折和失败，都要在这个俗世中好好地活下去。情感丰富、烦恼多多的人，也拥有着体恤他人的悲伤和痛苦的力量。就像我反复说过的那样，只有能体恤他人的想象力，才称得上是"爱"。愿你爱得更深、更广！

该回去了吗？你真的没事了吗？趁着雨水还没有下下来，请慢走。

第 3 夜

婚姻：
尊重彼此的界限

尊重彼此的界限

> 恋爱结婚之所以容易失败，是因为双方希望这合二为一的结合感和甜蜜感细水长流，而不承认彼此之间隔着一条河川的间隙。

欢迎光临，让您久等了！

秋意渐浓，虫鸣声也渐渐少了起来。可是，您听，能听见吗？那些偶然存活下来的虫子仍然在鸣叫。哎呀，外面开始下起了阵雨。这样的夜晚真是叫人喜欢。我开始深切地体味到一个人生活的好处了。

大概是因为能经常收到您的来信，初次相逢还真是出乎我的意料。您和我想象中的可是一模一样。

您是因为太过实诚，所以才会感到痛苦。凡事过犹不及，你也该稍稍对自己好一些啊。

自己的优点只有自己最了解，正因为这样，如果不自我肯定、自我宽慰、自我表扬的话，可就委屈自己了。

第 3 夜 婚姻：尊重彼此的界限

您在经历了热烈而坎坷的爱情之后步入了婚姻的殿堂。"婚姻生活是多么的孤独。"这类似的话语，我经常听到你们这些奔 50 的人或是 50 出头的人说起。

大致可以这么说，恋爱初期男女的状态就像是戴着粉色眼镜的鸟类。

很久以前，有人曾在电视节目上做了一个给鸡戴上粉色眼镜的实验。戴着粉色眼镜的鸡群都非常的温厚，彼此平静地相爱着。然而，把粉色眼镜摘下来时，它们便暴躁了起来，不停地打架。

人在恋爱时不也一样吗？刚开始，因为戴着粉红色的魔法眼镜，就连对方脸上的麻子都能看成酒窝。可一把眼镜摘下来，就会感慨对方怎么这么黑，继而陷入失望的情绪里。

就这样戴着眼镜走入婚姻的殿堂，不知不觉就会感到角度越来越偏，头开始痛了，胃也开始胀了。果然，时不时地检查一下眼镜、调整一下角度还是有必要的。

所谓的恋爱，起先便是从误解和错觉开始的。
司汤达所说的恋爱的结晶作用，便是这个意思。
不知是哪里的神父曾说过这样的话：
"恋人之间的结晶作用在发挥效果时，双方是彼此关注的。然而结婚以后，步入家庭生活的双方便没有了多看对方一眼的心思。所以，现在的夫妇最好都将彼此的目光聚焦在同一个方向。"

然而，即便看向同一个方向，双方的目光还是出人意料地分散开去。头颅摆正，面对面地看过去，视线还是可能游离左右，产生遥远的隔阂。

神父所说的同一个方向，大概指的是持有相同的价值观。

在我看来，男女之间、夫妇之间、人与人之间都隔着一条河流。在过河的时候，如果双方不是不顾一切地想要手拉着手，河岸两边的人便会这么想：

"啊，对岸没有那个人。"

然后，放心地向同一个方向走去就好了。如果想要强行过河，反而会遭遇溺水之类的悲剧。

恋爱结婚之所以容易失败，是因为双方希望这合二为一的结合感和甜蜜感细水长流，而不承认彼此之间隔着一条河川的间隙。

这时如果不把粉红眼镜悄悄拿掉，不试着看清对方的本质，那么自始至终都不会矫正眼镜不合适的角度了。从那时起，感情破裂就开始了。

爱能塑造人的性格

> 充实的爱让人谦虚。不管是对人也好,对神也罢,它让人心生感激,与这个世界温柔相对。

这是与前来同我探讨命运的客人的谈话。她离过两次婚,结过三次婚,对第三任丈夫也开始看不惯了。

她结的三次婚都是自由恋爱。确实,47岁的她看上去要比实际年龄年轻,眼睛、鼻子都生得很漂亮,是个所谓的美人胚子。她妆容精致,也好打扮。

我曾经重复过很多次:"恐怕是你不满意丈夫吧?"现在我肯定还会重复这句话。

不管是哪一段婚姻,她都一味地指责对方。我想问的是:"你是那样的人吗?"

对方不能让自己满意就和他吵架,苦大仇深地罗列出他的种种不是,而他也觉得自己这里那里都不称心,心想难道是自己恋爱的时候伪装得太好了，结婚后才让她感到非常失望。

总之，就是认定了自己完全没错，自己的评价标准总是正确的。这么说的话，可见她第一任丈夫未必不是最好的。总之，她是自视过高了。

她一次都没有对对方付出过真爱。看到恋人被自己的魅力所折服，便产生了一种错觉，认为自己值得对方如此厚爱。因为对方戴着粉色眼镜，看待她的时候便会产生美化效果，被她的外表所蒙蔽，而没有注意到她内心冷酷而丑陋的现实。

真爱让人谦虚。自己是否真的不负对方如此厚爱，由此，便产生一种恭谨的扪心自问。

而她竟一点儿都没有那个意识。

她一再地说自己被骗了，沉浸在一种被害者的情绪之中。

听着她的陈诉，满是抱怨，而我却觉得她的三个丈夫都很可怜。

如果对这三个人的本性全都看不透，那么只能证明自己是个傻瓜了。

第3夜 婚姻：尊重彼此的界限

尼采曾经说过："孤独能够塑造人的性格。"那我姑且可以这么说："爱能塑造人的性格。"

充实的爱让人谦虚。通常来说，不管是对人也好，对神也罢，它让人心生感激，它让人将自己富余的爱洒向恋人以外的人们，与这个世界温柔相对。

不管是精神上还是物质上，真爱能降低人的欲望。

然而现在的年轻人，恋爱也好结婚也罢都追求"三高"[1]，首先期望物质生活上有保障，这就有些贪婪了。

倘若对方是一个身材高大但是智力低下、人格低贱的男人，又有什么可依靠的呢？

就算学历高但只是善于应试，既不风趣，也没有真正意义上的教养，这样的男人又有什么魅力呢？不管进入了多大的公司，就像现在这样，社会说不定什么时候就会发生变化，学历之类的东西也是不中用的吧。不管社会发生什么样的变化，即便天变地异，也能坚强地扛起家庭的重担，拥有这种智慧和行动能力的男人才是值得依靠的。

就算拥有高收入，但身处金钱像泡沫一样的时代，你要明白高收入是多么脆弱无常。

---

1. 三高，指高身材、高学历、高收入。

婚姻是一种自由选择

> 把亲切和善意强加在别人身上,不会给对方带来困扰。但是在爱情上强加给对方亲切和善意,便会招致恶果。

听到有些年轻的女性说自己可能不会结婚了,我想她们就是人们所说的"不婚症候群"。那么,这些人究竟把自己当成什么身份高贵的人物了?我百思不得其解。

若真能从孤独中重新审视自己、深入思考而变得谦虚的话,还真会让孤独变得光彩照人。那些不婚症候群的大小姐们,大概不够谦虚吧。

然而,也可以看见这样一群年轻人,他们认为在真正了解到孤独的愉悦之后,自己能够得心应手地驾驭孤独,就算不结婚也能过得快活。

像这类年轻人,已经对婚姻失去了兴趣,直接坚定地营造着自己的生活,决定一辈子将单身进行到底。他

第3夜 婚姻:尊重彼此的界限

们通过学习来提升个人能力,在工作中收获一片蓝天。

直截了当地说,结婚并不能让人从孤独中逃离出来,所以有些人干脆选择单身。想要与孤独结婚,在我看来也是不错的。比起那些因为对方条件不够而选择不婚的人,他们的想法要好太多太多。

于是在一个人踽踽独行中,未必就不会有男性被这个身影所吸引,想要认真地和对方谈一场恋爱。这个时候,我建议就不要再抱着原先那种强势的姿态了,哪怕从一开始就没有想过要依附对方。我希望您能够怀着一颗单纯柔软的心,尽可能地好好感受一下这个新局面。

您最小的妹妹都已经33岁了还不想结婚,大概是有她自己的想法吧,所以我想还是不要说三道四的好。她又不是小孩子,只要是她自己选择的路,她能够承担起责任就好了。

您说您妹妹年纪大了又没有孩子,您担心她该会多么的孤独;而您结了婚又带着两个孩子,这个时候愈发感到家庭的空虚和丈夫的无聊,孤独难解、寂寞难耐却又无可奈何。这样说来,您对您妹妹的担心岂不是自相矛盾吗?

不能把自己的意愿强加在别人身上。

把亲切和善意强加在别人身上，不会给对方带来困扰。但是在爱情上强加给对方亲切和善意，便会招致恶果。正因为本人是出于善意，愈发如此。

不管有多少次艳遇，到头来还是空虚

> 女性和丈夫以外的男人发生婚外情，只是为了满足一时的安慰和对男女刺激偷情的好奇心，既不是认真的恋情，也不是爱。

"丈夫收拾整齐去公司了。只有在为公司办事时，他才是拼命三郎，哪怕是休息日，他都带着工作回家。婚姻生活越来越无趣，话题也越来越少。丈夫一上床就呼呼睡去，性生活一个月也不一定能过上一次。虽然公司进展得不是一般的顺利，他也比别人更早地出人头地了，但我却一点都高兴不起来。"

"日日受寂寞煎熬，就快要受不了了。"

"在和昔日的友人有过一两次婚外情之后，这种寂寞感便加深了。"

现在，丈夫就连做梦都不会想到妻子有过外遇，毕竟妻子的魅力真是大不如前。类似的话语，有很多像您这样的已婚女子跟我说过。

当下40多岁的女性,身体和心灵都是非常年轻的,就像正在怒放的花朵。这是女人最好的时候。

渐渐的,孩子终于不用自己太操心了,各方面宽裕了许多。家庭经济上也有了富余,大多数的已婚妇女通过打工,或多或少也有了可供自己自由支配的金钱。

和从前的主妇不同,通过PTA和同窗会之类的文化中心活动,时下主妇外出的机会大大增加,人际交流的机会也多了起来,和外人接触的机会也大幅增多。

会议结束之后,大家一起喝酒之类的事情是再正常不过的。

在那样的环境下,重新审视一下结发多年的丈夫,大抵会觉得失望。

倒不是丈夫变了,自始至终他都是同一个人,是自己任性地戴了副粉色眼镜,在恋爱的结晶作用下,觉得对方就是自己喜欢的那个类型的男性,而这仅仅是一个错觉。时至今日,只不过是突然看清了丈夫本来的样子。

妻子这方,闲下来要么看看电视,要么读读书,要么就是沉浸在新闻解说之中了。

第3夜 婚姻：尊重彼此的界限

丈夫这方，在外疲于奔波，为了公司的工作忙得不可开交；为了维持人际关系，即便不想喝酒也不得不作陪；上司一声令下，哪怕不想打麻将也得硬着头皮打下去。筋疲力尽地回到家，马上就倒头打起了呼噜。不知道他是不是在看电视，但是戏剧节目刚开始他就挖开了鼻屎。

真是受够了。妻子开始厌烦起来，因为自己手中也有了些小钱，所以对丈夫赚钱的感谢之情就变淡了。更何况是夫妻共同赚钱养家，双方一样付出，丈夫的疲态出现得也太早了点吧？这么一想，便气不打一处来了。

女性在外工作，事业上能力比男性更高的女性也多了起来。虽然在大局观上女性比男性略逊一筹，但在需要细心周全的琐碎工作上，女性的见解更加正确，同时也更加努力，取得了实实在在的成绩。

虽然如此，但妻子若是为了满足自己因对丈夫失望而产生的空虚感，而在外边开展婚外情的话，就太不值得了。

"不管有过多少次婚外情，到头来还是空虚。"

这番告白，我想是个大实话。

作为知识女性，必然会在事后产生这样的感慨，到头来不是更加深了自己的孤独感吗？

之所以这么说，是因为女性和丈夫以外的男人发生婚外情性行为，只是为了满足一时的安慰和对男女刺激偷情的好奇心，不过是玩玩而已，既不是认真的恋情，也不是爱。

不管是认为自己懂得比丈夫多，还是有了在外边玩耍的余裕，事实上可能都该怪罪于自己无法被丈夫满足的处境。

您再回过头来就能产生婚外情也空虚的感慨，这些我都有所知晓。而日本还有很多已婚妇女，因为婚外情而瞬间身败名裂，这样的例子有很多。

要隐藏多少秘密，才能安然度过一生

不是玩玩，而是认真地进行婚外恋，一直进行下去的话，就要产生舍命的觉悟。

关于婚外恋，日本和欧美不同，没有太长的历史。而且在江户时代，婚外恋要是被人发现，是要被斩首的，而且在斩首前还要被绑着游街示众。

通奸罪就是在这差不多的时期，在日本产生的。

就像日本女性不适合露背晚礼服一样，婚外恋也和露背的晚礼服相同，与在漫长的历史中发展起来的欧洲已婚女性的通奸和婚外情是不能比的。

日本的女人一旦委身于男人，就恨不得把自己的全部都交给对方似的黏了上去。她们不擅长处理随便玩玩的性事，也无法在家庭和婚外恋之间游刃有余。

这是因为和婚外恋的对象假戏真做，让自己陷入了一种认真恋爱的错觉之中。终于，对丈夫的不满、对单调生活的不满、无意间的借酒消愁，这些诱因让自己陷入对对方的痴迷中，下定决心要以身相许。自此，便把自己置于悲剧女主角的境地了。

不妙啊，我忍不住想：这终究还是因为沉迷太深而导致了悲剧，要么就是太过大意而被人钻了空子。承认了自己这方面的不足，是自尊心所不允许的，就如认定自己是个饱受欺凌的受害者似的。

因为持有这种受害者意识，才导致了如此愚蠢的后果。最终，自己也沦为这种愚蠢的人。如何才能避免受到丈夫的批判呢？果断地认清自己的愚蠢程度之后，一切就柳暗花明了。

我想，在这种情况下，老老实实地把一切都向丈夫坦白是最简单安全的解脱方式。若是因为不想破坏家庭，干脆把所有痛苦的惩罚都压在自己一个人身上，撒谎瞒着一无所知的丈夫，难道不是有些太沉重了吗？一旦对人撒谎，神佛就会洞察一切。因此，不忠妻子便想着向伟大的神佛诚心忏悔，祈求能得到宽恕。不向对方坦白自己的罪过，还要瞒着所有的人，这种孤独真是太难受了。那么，姑且就把这种难受看成是对不忠妻子的惩罚吧。

第 3 夜 婚姻：尊重彼此的界限

日本婚外恋的历史不像欧洲那么长，偷情案发时，日本的妻子直接就六神无主了。

因为无法当机立断，一旦发生关系之后便剃头挑子一头热地沉浸于其中了。

发生婚外情关系的男女如胶似漆，已经出轨的女人的丈夫却无法做出一刀两断的勇敢抉择，恬不知耻地得过且过。就算妻子一度离家出走，他还是能满不在乎地等她回来，这时他会向附近的人撒谎，心中也不是毫无波澜，但很快就会把它抛到脑后。独自带着孩子的丈夫回家后，被曾离家出走的妻子招呼着看电视，看到这类的情形，男人真是凄惨得令人伤感。

不是玩玩，而是认真地进行婚外恋，一直进行下去的话，就要产生舍命的觉悟。不管现在比从前性解放程度大多少，虽说现在没有通奸罪了，但婚外恋还是没有得到社会的认可。

偶尔，幸运的话，你会碰到个不错的婚外情对象，可对方若是个坏人，你就会被胁迫、勒索，这时你也毫无对策。这种情况真是连想都不敢想。

婚外情就是为自己画地为牢

你回去的早晨听石板路上清脆的脚步声，雪像苹果的香气般落下

深情痛哭的两人是椅子上被拒绝的蓝色蜥蜴

——白秋《桐之花》

在北原白秋[1]和邻居的妻子——松下俊子坠入爱河的时候，白秋25岁，俊子22岁。从明治43年起，两人的婚外恋持续了3年。

---

1. 北原白秋，日本诗人，原名隆吉。曾在早稻田大学学英文。1906年参加明星社，不久退出，1908年创立牧羊会。翌年发表第一部诗集《邪宗门》，因此扬名。后又陆续出版诗集《回忆》《水墨集》等，还有歌集《云母集》《雀卵》《白南风》等，并写有不少童谣。其诗歌中抒情和象征的风格，在日本诗坛较有影响。曾先后创办文艺杂志《ARS》和短歌杂志《多磨》。后刊有《白秋全集》18卷。

第 3 夜 婚姻：尊重彼此的界限

我曾在《从这经过》这本书中写到过白秋和他的 3 个妻子的故事。我在书里着重描写了关于他的第二任妻子——江口章子的故事，而最初的别人的妻子俊子则是最为沉浸在和白秋戏剧性的恋爱中的、为爱而生的人。

明治末期，仍然是存在通奸罪的时代。

俊子的丈夫——松下长平在抓到了白秋和俊子的奸情以后，便以通奸罪起诉，将他们告上了法庭。

当时的白秋已有《邪宗门》《回忆》两本诗集问世，被称为天才诗人，正是最当红的时候。作为日本近代文学的旗手，他还是个舞台中心备受瞩目的存在，周身闪耀着荣誉的光辉。

当时因为这个丑闻，舆论一片哗然。

"诗人北原白秋被起诉——文艺界耻辱的一页"这个硕大的标题见诸报纸。就诗人白秋"应当回避的通奸罪"，报纸对他 7 月 5 日被起诉一事做了报道。明治 45 年的时候，白秋 28 岁。当天，白秋就被从东京的地方法院押解到了市谷拘留所。作为通奸罪的犯人，他被遮上草帽，戴上手铐，和其他囚犯排成一队上了搭载囚犯的马车。马车后来陆续上了一些女囚犯。最后，俊子也草帽遮面地上来了。俊子侧着草帽，歪着头，偷偷地看向白秋，戴着手铐的双手落在膝盖上，眼泪吧嗒吧嗒地往下掉。

人生路、监狱路、马车摩擦的石子路，路路皆可悲。
痛哭流涕入牢房，您是庭院爪红花。

监狱的庭院里也盛开着鲜花。凤仙花、大丽花、洋地黄……炎炎夏日，百花怒放。

就在昨天以前，好打扮的白秋还穿着他质地精良的黑色天鹅绒衣服，系着波希米亚风情的红色领带，披着宽大的蓝色吊钟形斗篷，拎着大号印花布手提袋，衣冠楚楚地走在大街上。

不久，大约比想象中的还要早15天，保释出狱的白秋和俊子拿出300日元和俊子的丈夫和解，可这个事件直接导致了白秋的社会地位坠落谷底。苦难的日子开始了。

自然而然，俊子的人生也毫不例外地卷入到疯狂的旋涡中。俊子离婚后，两人便结婚了。可是好景不长，他们的婚姻生活并没有持续太久便分道扬镳了。

这之后，俊子的生活便和幸福无缘了。

虽然这次的通奸事件让白秋走了个弯路，但他凭着

第3夜 婚姻：尊重彼此的界限

生花妙笔逆袭成功，最后成为了公认的国民诗人，直至安然而终。而这个事件却让女方遭受了残酷的伤害。

通过这段恋情，白秋写出了很多优秀的诗作和短歌。不知道您是否听说过白秋的诗作和短歌作品，让我们来品读一下吧。只把描写和俊子恋情的那些找出来，诗集《桐之花》里的诗作和短歌，大多便描述了他和俊子的恋情。

朱顶兰幽幽地吐着芬芳，真想亲吻你的香唇啊

就像那雀跃旋转的广告灯，都城的春天来敲门了

衣物上的羽毛围巾，在新的十一月的清晨窸窣作响

你回去的早晨听石板路上清脆的脚步声，雪像苹果的香气般落下

深情痛哭的两人是椅子上被拒绝的蓝色蜥蜴

当我想到葴菜的花穗时，你那宽恕的目光让我眼前一亮

和你诀别时，爪红花红艳艳，爪红花红艳艳

写得不错，是吗？这种诗歌的诞生，对于不光彩的通奸罪来说也是一种补偿。您认为呢？

诗作《断章》，也是为俊子而吟。

那，是别人的妻

是独一无二的弗兰切斯卡的故事

说话间，婴儿又哭着

在旁边爬来爬去

而你，只是显得毫不在意

那，是别人的妻

当然还有下面这首绝唱。因为俊子经常带着孩子和白秋密会，所以诗作《野曝》中便有了这样的感慨：

将死的时候愈发

留恋生命

将这躯体抛弃曝晒在原野

那时才会知道什么是真正的泪

因是别人的妻所以各走各的路

到自己已经污浊至极

就只能彷徨在欲止步而不能的

罪之迷途

我非常喜欢这首诗。

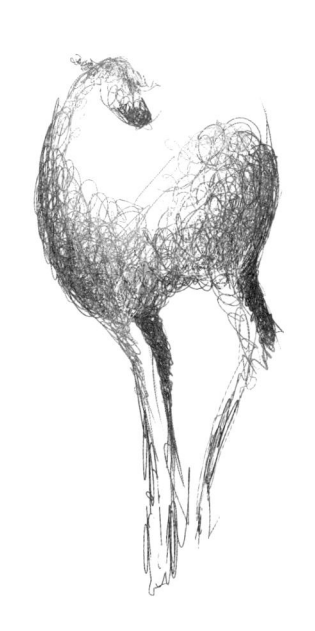

第 4 夜

失恋：别把幸福的权利放在别人手中

坦然接受爱情的不完美

> 不管夫妻双方对彼此是失望也好,幻灭也罢,还请珍惜你们能够结为夫妇的缘分,彼此原谅,继续在一起生活下去。

欢迎光临。因为昨晚下过雨了,很难想象今夜是个美丽的夜晚吧?一夜之间,落叶已全然散去。让人吃惊的是,这样一夜的雨却将叶子染成了红色。今天早早地欢迎你们光临,是想多留些时间和你们聊聊天。虽然黄昏短暂,但在这弹指之间,却给我们展现了自然之美的极限。

过不了多久,月儿就会从对面的东山上升。它会穿越京都熙攘的街道,来到嵯峨野的上空,途经这个寂庵的庭院,然后沉落到小仓山的后面。所以在这里,您能清楚地观看到月亮的轨迹。

那个壶庭里正盛开着贵船菊。您看,它花蕾饱满、花团锦簇，是不是比大波斯菊更加清爽呢？白色和粉色的花朵交相辉映，粉色花朵夹杂点缀在白色花朵之间。

这边的两位朋友是同学关系吧？真是不错。学生时代的友情没有算计和其他杂质，是最纯洁而长久的。

您是有什么心事吧？您的脸上可是这么写着的。是遭到了一直以来信任着的丈夫的背叛吗？这样的妻子，在地球上可是数都数不过来的。重要的并不是遭到背叛这个事实，而是得知真相的自己，今后的心要如何自处，自己该何去何从。

不管在什么时候什么场合，我都认为男女的原因各占一半。这种事情没有受害者和害人者一说，双方同时都是受害者、害人者。举个例子，虽然可能比较难以理解，恐怕不管是谁，都希望拥有一个值得夸赞的贞洁贤淑而又文雅美丽的妻子吧。这个时候，丈夫却在外边又养情人又寻欢作乐的，不管谁见了都会觉得是丈夫的不是而批判他的无赖行为。然而，不管是他们夫妇的关系也好还是他和情人的关系也好，都有着外人无从得知的一面，所以无论如何都无法评价。

在这个世界上，既有因妻子过于贞淑而感受到压迫感的丈夫，也有因妻子过于聪明而陷入自卑情绪的丈夫。即便从表面上看不出来，这个世界上还是存在患有性感缺乏症的女人的。

而且，最让人困惑的是，人心和所有的现象一样，也是无常的存在，不知道什么时候就会发生变化。一方没发生变化，另一方发生变化的情形屡见不鲜。

我有一个朋友，把婚前丈夫写给她的情书严严实实地装进了蛋糕盒里，这样精美的盒子足足有五六个。

"真是被我迷到不行了啊，一天能收到他两封情书呢！"

像她这种骄傲的人还真有，而她的丈夫却在外面养了女人，瞒着妻子连孩子都生出来了。得知真相以后，遭到背叛的妻子却不敢相信这是事实：

"可是，他给我写过这样深情的情书啊！"

就算一切都是事实，她也认为肯定是丈夫受到了坏女人的迷惑，从而一心厌恶起了丈夫的情人。一直深信丈夫的纯情和坦率，并不能算是她的美德。因为对于一般的男人来说，那些所谓的单纯和坦率几乎就是厌倦的同义词，看上去跟感觉迟钝似的。这时若是有足够能打动他的女性出现,被她吸引去也不是没有道理的。人并不是行尸走肉,也有心灵的诉求。

在佛教里,有"五蕴"这个词语。所谓蕴,就是包含的意思。另外又可称作蓄,也有人称它是集群。它包含着的5种东西,放在身体里来说,就是内脏。

然而人不只是肉体构成的,在肉体中,还包裹着内心。也就是说,将我们这具肉体形成为人的东西,是蕴。

5种东西,指的是色、受、想、行、识。色在佛教里指物质,在人则指肉体。人体之中还住着内心,这就是识。受、想、行,是色与识之间的作用。

受,举个例子,这里放着苹果,您就会想:啊,苹果。说的是感受作用。您会想:它又红又漂亮,似乎还很美味。这就是想。想要吃它是个意志作用,这种意念就是行。然后您试着咬一口,可能很美味,也可能比想象的要酸,这种认识就是识。

我们人类,就是在这五蕴相互结合、调和的基础上形成的。再简单一点来说,是由肉体和精神构成的。

色是眼睛看得见的世界,受、想、行、识是眼睛看不见的主观的世界，是存在于自己内心的。

之所以就这个问题说了这么多，只是想传达一个意思：人，是由肉体和心构成的。这里所说的心，并不是伴随自身产生的思想。事实上自己的肉体，也不受自己思想的指挥。所以，人会生病。不知从什么时候开始就患了癌症，这就是自己的身体不服从思想的证据吧？

心不会一心只爱着妻子或丈夫。在其他有魅力的肉体和精神出现时，它会按照受、想、行、识的顺序，发现并产生他人比自己的妻子或丈夫还优秀的认识，继而无法自控地被吸引。意志力强的话就会就此打住，将自己的热切渴望强行压制下去，而大多数人都会对心的诱惑缴械投降吧？并且越是感受性强的人，在面对这种诱惑力的时候越不容易把持。

因此，没有对妻子或是丈夫产生厌烦的情绪，这才是老实的真心话吧。这么说来，就算被斥责为狡猾、优柔寡断，也是出于无奈，因为还没有决定何去何从。从人类本性的弱点来说，既想要妻子，又不想和情人诀别，丈夫也是必要的，难道在这两者之间无法左右逢源吗？这才是真心话吧。

第 4 夜　失恋：别把幸福的权利放在别人手中

　　您说您在第一次遭到丈夫背叛之后，就已经深感绝望，并开始对这个世界上的一切都丧失了信心。假如您被骗了，这次也不会是第一次，可能只是没有对您说而已，您觉得呢？

　　万一不幸被我言中，您的丈夫也绝对没有想和您诀别、破坏家庭的意思。这次是您有些大意了，可能不够细心而有所疏漏。

　　正因为人心是会变的，所以在经过了 18 年的婚姻生活之后，若一直都保持着和刚结婚时一成不变的心情，那心情将会很糟糕。

　　不管夫妻双方对彼此是失望也好，幻灭也罢，还请珍惜你们能够结为夫妇的缘分，彼此原谅，继续在一起生活下去。这不正是夫妇的意义吗？

有时候原谅是一种智慧

> 身为背叛者的男人，在周旋于两个女人之间时说不定更孤独，不管如何责备，有时候原谅是一种智慧。

在我此前的生命中，曾有过几次背叛男人的经历。现在想来，对背叛之人绝不是讨厌至极。就像是惩罚一样，他们不得不和变了心的我诀别，满负着不安和艰难奔向新欢。从这点来说，在自己遭遇背叛时，而对方也是独自一人的时候，在怨恨这该死的一切的同时，想必还是会对对方余情未了、心生同情吧？

遭遇背叛而残留的孤独，我不想多做赘述，而背叛的那一方也绝不会轻松和愉快。身为背叛者的男人，在周旋于两个女人之间时说不定更孤独，我不知道这种称不上苦的东西什么时候会悄悄地融入他的呼吸。

第 4 夜 失恋：别把幸福的权利放在别人手中

所谓的五蕴盛苦，是人类在这个世界上遭受的四苦八苦中的一种。可以这么说，是它酿成了我们的身心之苦。也就是说，它是因为我们对肉欲和爱欲的执着而产生的痛苦。

遭遇背叛之苦而遗憾、孤独，我也不想多说了。我自己生而为人，也是五蕴造成的存在，不知什么时候还是会因着五蕴盛苦而陷于背叛对方之地。向前迈一步，试想会怎样呢？

正在为遭到背叛而痛苦的人们，大概都会为自己的诚意、爱意居然沦落到这般境地而鸣不平。然而，就算是自己不背叛别人，可能也完全是个偶然，也可能只是自己想要守候某些东西。明天，倘若出现一个比丈夫更具魅力的男人向你求爱，你也不能确定自己会不会被其倾倒。

稍稍改变一下角度，便能正确看待事物了。这时，你就会从中解脱。在现在的恨意和孤独感之下，心就像被塞满了石棉，一丝空气都无法透过，想必连呼吸都变得困难和痛苦了吧？

变得孤零零的自己只会胡思乱想，现在丈夫在情人的房间里干什么呢？心就像燃烧着的熊熊烈火似的，被灼热的嫉妒之火给烧得发狂。虽然平日完全不信神佛，但人在陷入困境之时就会想起它们。相对于满口怨言，您会这样向神佛祈愿：

"请帮帮我吧！我太痛苦了。拜托了！好寂寞啊！"

只是这样说着，心中就裂开了一丝空隙。一阵冷风吹过，熊熊燃烧的嫉妒之火方才降了温。

对婚后的生活熟悉至极、安心之至，这时才留意到自己的松懈怠工。

这时，倘若因为极度的孤独而对对方求全责备、蛮不讲理，而对方也开始做对不起您的事的话，胡搅蛮缠也不会取得胜利，还会将自己逼入无路可退的绝境。

不管如何责备，有时候原谅是一种智慧。这时，即便想像兔子一样从这条退路上逃跑，也一定会再从那个门口回来的。

或者也可以这么说，如果没有妻子的宽宏大量和体贴，如果妻子将逃生之路堵死了，恐怕男人不会从那里走出来吧！

时间能治愈的，都是愿意自渡的人

> 孤独这种东西，是自己一个人不得不背负起来的行李，从别人那里得不到半点帮助。

人，一旦想到自己是孤独的，马上便会伤感起来。在从前的少女杂志上经常可以看到这样的场景：生病的少女喉咙上打着白色的绷带，一个人看向窗外。彩印的插图便是窗外散落的树叶之类。竹梦二和中原淳一的抒情画便体现了这种寂寞的主题，很受少女和年轻女性的欢迎。

萧萧落叶，单是看在眼里便已然让人感伤寂寞、泪流满面了。这种多愁善感的情绪，是少女的特权、女性的共性。

少女时代，大多数人应该都曾有过将自己幻想成悲剧中的主人公，并且陶醉其中的经历吧？在流泪的同时，自己也十分享受这种寂寞的情绪。换句话说，就是向孤独撒娇。更进一步说，就是和孤独自导自演的戏。

少女时代的这一出戏真是热闹又可爱，若是长大成人之后还是这样向孤独撒娇的话，那可就丢人了。

如果经常被恋人抛弃或被丈夫背叛，便好像是自己一个人背负起了这个世界的不幸似的。沉溺于不幸之中，逢人便诉说自己的悲苦以寻求安慰，把这些当成理所当然的人也是有的。

这是个严重的错误。孤独这种东西，是自己一个人不得不背负起来的行李，从别人那里得不到半点帮助。能够理解自己倾诉的痛苦和孤独的只有超越者而已，也就是神佛。

不吃东西，哭到伤心处连化妆也忘记了，不修边幅，只是不停地说"我是寂寞的、孤独的"，就根本无法从孤独中得到解脱。在我看来，这种态度也是一种撒娇。

实在觉得孤独得不得了的时候，便和自己对决，好好地凝视一下自己。就用冷静的科学者的眼睛，和镜子中的自己对决。如果镜中看到的是自己粗糙干燥的面颊，就拿出相册来，想想自己曾经阳光开朗的笑靥。

"可怜啊！混得这么悲惨，怎么可以呢？"

第4夜　失恋：别把幸福的权利放在别人手中

就这么同情自己、鼓励自己、自己心疼自己吧！没有必要向任何人求助。

先去洗个澡，想哭的话就在浴缸里尽情地哭，眼泪刚一流出来就会被冲走。人是做不到在浴室里连续哭泣一小时的。洗澡的时候，不管再怎么抵抗，都能够放松身心。顺便连头发也洗了吧。从浴缸里出来时再化个妆。

这是为了谁呢？答案是为了自己。为了男人或是为了取悦别人而化妆，在我看来是卑微的。这次，就为了自己一个人而化妆。试着用一些平日里不好意思用的颜色闪人的唇膏和眼影。它们之所以能摆在你的梳妆台上，是因为在你的潜意识中拥有着尝试做一个大胆变身的愿望，这就是证据。不过化这种艳妆的话，便和您一直以来的发型不搭了。既然决定了，那就去美容院吧。

当然这个美容院可不是您以前经常去的那家，而是您从未去过的。如果可能的话，选一个有男性美容师的地方。

对你没有先入之见的年轻男理发师，说不定会咔嚓咔嚓几下子就把您的头发给剪短了呢。这种发型会和妆容相匹配。如果他有这种自信，也请您笑着予以肯定。

您有没有这种感觉，就是刚才泪流满面时那种一反常态的孤独感，在这一瞬间就被释放了出来！

接着去一趟服装店，毅然决然地买一身新衣服。和撒娇、强求他人安慰的期待相比，还是这种方式能让孤独的自己神清气爽。

然后，是去看电影还是去画廊看画，是去看舞台剧还是去卡拉OK唱歌，这就是您的自由了。这不是向孤独撒娇，而是让您有一个娇惯孤独的限度。

当您向孤独撒娇，哭哭啼啼的时候，人们就会远远地躲着您；而当您娇惯着孤独的时候，人们会不由自主地靠近您。

虽然不知道您的心底到底氤氲着怎样的郁闷，但是人们只想实话实说地宽慰您的痛苦。

原本聪明的您却认为自己是迄今为止世界上最不幸的人，钻进了被孤独打垮的牛角尖。不知您是否注意到了这种司空见惯的事情。

放宽心情，您会发现更多和孤独相处的方法。

孤独不是对外的，而是从外界向内里窥探的眼睛。人际交往的时候也全部是指向自己一个人的。所以到现在为止，您发现自我了吗？

您曾经深信对自己了如指掌，现在却发现这个自己和想当然的自己竟完全不同。为了忘却心灵的创伤和孤独的苦恼，试着花些工夫去探究一下曾经马虎对待的自己。

试想一下只有孤独才能带来的乐趣。这就是读书，读书是绝对不能被人打扰的。然后是写作，写作也是孤独的工作。

当意识到自己步入孤独以后，便会心想：迄今为止和别人一起度过的时间是多么粗糙。

试着把学生时代曾读过的被称为世界名著的小说重新读一遍吧。少女时代一读再读，或者即便读过也不明白其中的意思。现在从其中的一页都能解开很多谜团，是不是感到很吃惊呢？

原以为记得一清二楚的故事情节，不承想却全然记错了；认定是个悲剧的事情，在 20 年后的今天重读才发现原来只是喜剧的调剂。

更令人感到吃惊的是，现在所品味的自己的痛苦和孤独，在一个世纪以前就已经被文豪们准确详细地写满了，就仿佛他们亲眼看到了一样。

我们终将遇见爱与孤独

> 塞西尔的孤独,能够允许父亲和头脑简单、妓女一样的艾尔莎发生男女关系,却不能容许父亲在精神上和其他女人产生交汇共鸣。

法兰丝瓦·莎冈[1],将自己的小说设定为两个主题。不管是哪部小说,都同样诉说着恋爱与孤独的故事。

"孤独和恋爱。用这样的顺序表达可能才算正确。因为孤独才是那个主要的主题。恋爱就好比是件让人扫兴的事。也就是说,人究竟怎样才能从孤独中逃离,这件事情对我来说才是最重要的。"

她对前来采访的记者如此回答。仔细研读除莎冈以

---

1. 法兰丝瓦·莎冈(1935年6月21日—2004年9月24日),本名法兰丝瓦·奎雷兹,出生于法国西南洛特省的富商之家,为法国知名小说家、剧作家、编辑。以中产阶级爱情故事的主题闻名。

第4夜 失恋：别把幸福的权利放在别人手中

外其他作者写的小说，爱与孤独都被写到了极致。其中还有不少超越了时代的古典小说，它们当中也自然流淌着这样的主题。

凭着在18岁那年写下的《悲伤，你好》这部处女作，莎冈一跃成为世界级的畅销书作家。刚刚20岁，她就将普通人耗尽一生才能获得的金钱、名誉以及所有的快乐全都收入囊中。然而在一次赛车事故中，九死一生的她好不容易才捡回一条命。

23岁那年，她嫁给了一个年长她20岁的男人，一年半以后两人离婚。随后她又和一个法国青年结了婚，并和他生了一个儿子，可最终还是和他走到了婚姻尽头。大约40岁的时候，她又被传和一个比她小9岁的意大利小伙子坠入爱河。莎冈否定了这场长达7年的恋爱。

我是在1978年的时候，才和来日本的莎冈在电视台相遇的。40岁的莎冈娇小苗条，和日本的同龄女性相比，她苍老得有些厉害。然而让人吃惊的是，她在说话时，脸上流露出一种闪闪发光的迷人表情。与其说是迷人，不如说是无边无际的温柔更合适，会说话的大眼睛闪烁着生动的光辉。同时，她的身上还带有一种似乎不属于人类的平静，似乎能够包容对方的一切。至少在和她的短暂交流中，我感受到了这位年轻女性在温和而包容地对待她那丰富的情感经历。

她对我不是敷衍了事，而是在用心而认真地和我交流。在和这个充满温情的人分别之前，她的温柔就好像一盏明灯，点亮了我的胸口。

我想，早在她 18 岁的处女作里，依稀就能看出她拥有一种能够写好爱与孤独的才能。

《悲伤，你好》是一部 200 页左右的小说，写的是一个名叫塞西尔的 17 岁少女在一个夏天里的回忆独白。

故事发生在夏天的戛纳，塞西尔和她的父亲雷蒙一起来这里避暑。在塞西尔两岁的时候，她的母亲就去世了，此后的 15 年她便一直和她的鳏夫父亲生活在一起。雷蒙是个时髦的美男子，工作之余也不忘寻找艳遇。要是他的生活里少了女人，他就会浑身难受。当然，他的身边也从不缺少女人相伴。这不，和他一起前来避暑地的艾尔莎就是他时年 29 岁的小情人，也算是他的半个妻子了。父亲年轻的情妇们都能和塞西尔相安无事地生活。雷蒙究竟在想些什么呢？居然邀请亡妻的女友安娜前往这个别墅。42 岁的安娜是个优雅、美丽的服装设计师，是个迷人的职业女性。现在她已经离婚了，恢复了自由身。

自己开车来的安娜看见艾尔莎也在，感到吃惊也就在所难免。奇妙的同居生活就此开始了。反应迟钝的艾尔莎将安娜当成了自己强有力的对手，日日为抢夺雷蒙而争风吃醋，故意当着安娜的面在大白天勾引雷蒙上床示威，反而遭到了大家的轻蔑和反感。

表面上雷蒙依然热情阳光，但实际上再也不想看见艾尔莎那张脸。雷蒙的心已经从没脑子的艾尔莎身上转移，被智慧、优雅而又风趣的年长女性俘虏了。

厌倦了单身的孤独生活，安娜又想结婚了。她被这个轻薄又富有男性魅力且生活能力强的雷蒙吸引，想和他结为夫妇，希望能够拥有一个安稳的晚年。

在去戛纳赌博欢舞的一个早上，雷蒙和安娜终于在车里互诉衷肠了。目睹了这一切的塞西尔便对安娜说他们父女俩有些累了，想要先回去休息。塞西尔勃然大怒，和父亲吵了一架。

"您把我这个怕晒的红头发女孩儿带来海滩，是要把我连皮带人地扔在这里吗？你让我怎么跟艾尔莎解释才好？"

"我会去解释……就说父亲找到了另外一个想和他一起睡觉的女人,下次你还过来吧。怎么样?"

安娜一个巴掌飞向艾尔莎的脸颊,雷蒙发出一声惨叫。

艾尔莎一边哭着一边离开了,安娜把要和雷蒙结婚的情况告诉了塞西尔。

安娜想要按照自己的方式将这对懒散的父女调教好。饱受束缚的塞西尔渐渐对安娜产生了一种憎恶的情绪,伺机复仇。她说服了提着行李归来的艾尔莎,同时利用自己的情人西里尔——她在这个夏天认识的一名法学院的大学生,他们曾在一起疯狂地体味性爱的快乐——上演了一出恋爱的戏,而且故意让雷蒙看见,受嫉妒心理的驱动,她阴谋策划着让艾尔莎回到父亲的身边。

艾尔莎收起了自己阳光的一面,变得迷人起来,她像妓女一样妖媚,闪耀着美丽诱人的气息。因为她深知塞西尔的父亲难以抵抗这种魅力。

塞西尔的阴谋成功了,安娜目睹了松林中雷蒙和艾尔莎又发生关系的情景。

当塞西尔游完泳,回到露台上摊开报纸时,安娜也从林子中跑了回来。她那跌跌撞撞的脚步很是危险，就像个行动不便的老人，眼看着就要跌倒！安娜摇摇晃晃地往车库去了，渐渐地消失在远方。知道一切的塞西尔也不顾一切地跑了过去。塞西尔倚在快要发动的汽车上不让它前进，她在乞求安娜原谅。

"安娜，我们不能没有你！"

安娜抬起头来，把脸歪向一边哭了起来。塞西尔吓得毛骨悚然，方开始反省自己究竟对眼前这个敏感的人做了些什么。

安娜42岁，她很孤独。她爱着一个男人，想要和他共同生活10年、20年，一直幸福下去……可是……

"对于你们两个而言，谁都不是必不可少的。"

安娜说完绝尘而去。她驾驶的汽车在途中发生了意外，从50米高的地方跌落了下去，安娜也因此香消玉殒。

安娜因事故身亡了，只剩下一台汽车的残骸——这是雷蒙送给安娜的豪华礼物。

塞西尔知道自己并不爱西里尔，她爱着的只是他带给自己的快乐。夏天过去了，留给塞西尔的只有悲伤。

这就是《悲伤，你好》的故事梗概。

这个小恶魔似的不良少女做下的反复无常的恶作剧，残忍地粉碎了42岁熟女想从孤独中解脱的美梦。这部小说中的所有人物都氤氲在一种孤独的情绪之中，可能就是这个基调，成就了这部通俗文学作品中的芬芳，经久不散。

关于17岁少女塞西尔的孤独，书中一句话也没有提到。然而对于一个两岁就失去母亲的少女来说，年轻的塞西尔有着异常孤独的过去，这深深地渗入到了她的言语和行动里。塞西尔的孤独，能够允许父亲和头脑简单的艾尔莎发生男女关系，却不能容许父亲在精神上和其他女人产生交汇共鸣。17岁的少女最终能够理解那个42岁女人心中深深的孤独了。这个悲惨结局的瞬间，就是这个故事的压轴戏吧？

安娜的死亡不可挽回，她死亡的那个夏天过去了。此后，孤独会一直伴随在塞西尔生活的左右，永远都不会有消弭之日。

不是《悲伤，你好》，而是《孤独，你好》。我想，后者才是这部小说要传达的意思吧。

忍受痛苦，是爱的一部分

> 相爱的同时，伴随着恋爱的陶醉和幸福感而来的，是如影随形的烦恼。做好这个心理准备，想必是十分必要的。

欢迎光临。现在已经完全进入深秋了，夜晚都可以听到叶落庵顶的声音了。

您觉得冷吗？往这边靠近一点吧。啊，是这种香气吗？就像您看到的那样，这香气是那截刚刚削好点上的沉香散发出来的。在这样的晚秋之夜，这种香气真让人深深眷恋。

您身上的香味也非常好闻呢。是迪奥的毒药香水吗？我猜对了吗？原来我用香水的时候，没用过这款。当时在我梳妆台上摆着的是香奈儿 5 号香水、娇兰东瀛之花香水、罗莎夫人香水、JOY 香水之类的。女人寂寞的时候，香水会不会也用得浓烈呢？就像琥珀系之类的东西……万万没想到，现在的尼姑居然也用起了法国香水，是不是有些怪怪的？尼姑是不会使用香水的，但是她们的衣服上可能会沾有一些芳香，在乘坐出租车的时候经常会被司机夸赞好闻。

平安王朝的贵族女人们，每个人都会调制出适合自己的独特的香。会调香是一种教养。她们的情书、衣服和装饰品，都浸润着芳香。也许是因为孤独，调香之道才得以发扬光大。《源氏物语》中有调香比赛的记载，据说当时的女人们在调香时连丈夫都要瞒着，只身一人待在房间里秘密调制。

跟您直说了吧，其实到现在我这里还有香水呢。这是大约两年前，一个跟我关系不错的年轻音乐家朋友送给我的礼物。知道不会用，我便把它放在了盥洗室里。所以，除了您熟知的毒药香水以外，我现在还拥有香奈儿的水晶香水、拉尔夫劳伦的POLO香水。没错，送我香水的自然是位男士，大概不到40岁的样子。让我高兴的是，近来喜欢我的是个年轻的小伙子。所以说，即便是上了年纪的老尼姑，也喜欢被人喜爱，而不是被人嫌弃。当然，这种喜欢说的是纯洁的友情。

以前，我深信男女之间不会存在真正的友情。因为

第4夜　失恋：别把幸福的权利放在别人手中

我认为男女若是彼此喜欢，自然而然地便会对对方产生性的诉求，一旦发生了两性关系，便超出了友情的范畴。

认为男女之间也有友情，是我到了60岁左右才想通的。

或许在我出家以后，便不再把男人看成是可以发生性关系的对象了。达成无性关系的状态后，不管如何亲密，也只能止步于友情了。

在学生运动如火如荼地进行时，男女学生们怀抱着共同的理想和共同的敌人战斗而结成了同志般的亲密关系，我想他们之间产生了浓浓的友情。

然而即便在这群学生之中，不出所料也会有爱之花在某两人心中盛开。爱意从同志之爱和友情中流溢而出，这也是自然而然的事情。

人，生来就是孤独的。在认识到这点以后，正因为自己孤独，所以便会亲近同类，想要彼此取暖、互诉孤单，若是能够得到对方的爱，心里该多有安全感。可以这么说，不仅在男女之间，就是在同性同伴中也是如此。

然而原本同病相怜的孤独者们，在相互交流接触之后，便会产生一系列的矛盾。

爱让人执着，执着产生独占欲，之后伴随而来的便是烦恼了。心爱的人只属于自己一个人，谁都不想让他（她）被别人染指。然而，世上的万事万物都处于无常之中，人心也是无常的。人的本性中也包含着见异思迁，不管如何宣布爱的誓言，人心还是变了。无论何时，我们都无法限制对方的自由，所以，当我们注意到对方有想要离开的迹象时，便会马上产生嫉妒的情绪，从而平添烦恼。

相爱的同时，伴随着恋爱的陶醉和幸福感而来的，是如影随形的烦恼。做好这个心理准备，想必是十分必要的。

即便如此，我们还是期待着爱人以及被爱。年轻时的我们理所当然地坚信，所谓活着，就是为了和心爱的人邂逅。

这是件值得高兴的事情，能够毫无防备地将自己的全部交给对方、将自己的一切都暴露在对方面前，是最能给自己带来安全感的关系了。你们可以无话不说。自己的惨痛经历、后悔之事、丢人糗事，都可以放心地讲给对方听，真是除了神佛，便再无他人能够做到了。茫茫人海中竟能得此知己，想来愈发地感到高兴。

爱情里，永远不要失去自己这个核心

> 不管是爱还是被爱，都不能失去自己这个核心。

众所周知，托尔斯泰的《安娜·卡列尼娜》作为举世闻名的杰作，曾被屡次改编成电影和戏剧走入人们的视野。

这部小说虽然以 19 世纪末的俄罗斯上流社会为创作背景，但即便在 20 世纪末，它仍不断被改编成电影和戏剧，小说也读者甚众。这不得不归功于女主人公安娜·卡列尼娜的个性。现在不仅仅是女性，就连男性也开始体味倾诉的魅力了。

安娜在和年长她 20 岁的卡列宁结婚以后，生下了他们的儿子谢廖沙。卡列宁在官场中是个地位显赫的人物，而身为出世主义者的他其实是个无聊的男人。即便如此，他却拥有着出众的风采、学识。对于这样的丈夫，安娜倒也没有特别的不满，她尊敬他、爱他，度过了8年平安无事的婚姻生活。

突然有一天，一个被称作爱情的犹如天灾般的不讲理的东西袭击了她。

一个偶然的机缘，她在莫斯科的站台上邂逅了一名英俊的青年军官——渥伦斯基。渥伦斯基在看到安娜的一刹那，心就被安娜的魅力给俘虏了。擦肩而过的一瞬间，她那天真可爱的表情特别是温柔可爱深深地吸引了他的注意。在他的眼里，安娜·卡列尼娜全身上下都闪耀着活力，无意间浮上面颊的微笑是那样的充满魅力。

她眼睛里流露出来的光芒，迸发而出的是连安娜自己都没有注意到的生命力和潜在的热情。而一直以来，她都在极力压抑着这种情感的自然流露。正是这旺盛的生命力和激情，将安娜推向了一条不会有结果的爱情不归路。

在和天真无邪而又正直快活的安娜交往的过程中，渥伦斯基不知不觉便陷入了认真的爱恋。在相逢一年以后，安娜终于委身给了丈夫以外的男人。这时，她的苦恼也来了。

对待这份爱,渥伦斯基是诚实的。他开始对安娜施加压力,希望她能够早日抛下一切,开启属于他们两人的爱的生活。而安娜却不得不考虑到谢廖沙,况且作为一个诚实的女性,她无法做到像社交界的其他女性那样熟练老到地游走于婚姻和婚外情之间。因此,当渥伦斯基在一场盛大的赛马会上从赛马上摔下来的时候,以为恋人已死的安娜情不自禁地在观众席上大声惊叫了起来。她在公众面前惊慌失措,将他们两人的关系曝光在了众目睽睽之下。

在回家的马车中,她彬彬有礼地对丈夫说出了自己的心声。

"我爱着那个人,我是他的情妇。我无法再忍受你了,你是个可怕的人,我憎恶你。随便你怎么处置我吧。"

相对于妻子失贞的事实,卡列宁更担心自己的社会地位会受到威胁。为了掩饰这件不体面的事情,对舆论蒙混过关,他没有和不贞的妻子离婚,而是继续生活在一起。

安娜已经对名声和流言蜚语置若罔闻,不仅没打算断绝婚外恋关系,干脆还把情人带回了家。没过多久,安娜便生下了一个私生子。这次生产让她患上了产褥热[1]。在濒临死亡的时候，她开始说起了胡话，祈求能够得到丈夫的原谅，也恳请连日来照看她的渥伦斯基能够原谅她。

不堪屈辱和失去安娜的痛苦，致使渥伦斯基企图开枪自杀，只是最终未遂。从病情中康复过来的安娜发现，自己对渥伦斯基的爱火不仅不减，反而燃烧得愈发剧烈了。

终于，两个人放弃了一切，私奔到了意大利。而安娜做出的牺牲，显然要比身为男人的渥伦斯基做出的牺牲更大。

在意大利的蜜月只持续了很短一段时间。安娜觉得开始投身于工作的渥伦斯基对自己产生了厌倦，受嫉妒和妄想的折磨，安娜日日夜夜痛苦不堪。她失去了世俗的名誉、家庭和爱子，她成为了一个说谎的女人、不贞的女人、堕落的女人。这样的安娜，在这个世界上可以依靠的只有一个人，就是和自己共同选择了这条荆棘之

---

1. 产褥热，即产后发热，是指产褥期内，出现发热持续不退，或突然高热寒战，并伴有其他症状者，类似于西医的产褥感染。

第 4 夜　失恋：别把幸福的权利放在别人手中

路的渥伦斯基。

渥伦斯基绝对没有背叛安娜。即便如此，安娜还是预感到会失去渥伦斯基。受这种预感的威胁，哪怕渥伦斯基就在自己身边，她还是会猜疑他的心里装着别的女人，心乱如麻。

故国、住惯了的城市、亲人和朋友，这一切全都失去了。此时安娜的孤独，绝对是外人难以想象的。最后，安娜把渥伦斯基当成是自己的生命一样紧紧地抓住不放。她的这种心情，想必人人都会嘲笑的。

嫉妒是恋爱的衍生物。而嫉妒和孤独就像血肉相连的腹背两面，想分也分不开。

两人从意大利回到了彼得堡，遭到了冷遇。在这短暂的逗留时间里，社交界完全将二人拒之门外。他们对没有离婚就和情人私奔的安娜的轻蔑态度超出了预期。对于安娜这种死脑筋而又没能圆滑处理的情事，他们很难被原谅。应该更加聪明地处理情事，装作若无其事的样子来维持表面的体面，这才是这个社会的秩序。

被社会逼得孤立无援的安娜，不安和抑郁愈发严重，神经变得脆弱，嫉妒和妄想也与日俱增。她故意穿着显眼的衣服去剧场，成了大庭广众下被嘲笑的对象；她瞒着渥伦斯基偷偷去卡列宁的家里探望谢廖沙。无论怎样做都不能令她保持平静，不知不觉间，她养成了使用吗啡安抚情绪的癖好。

就连渥伦斯基也渐渐对安娜束手无策，安娜偏执的爱和嫉妒越来越让他心烦。

只是为了一点微不足道的差错，安娜就和渥伦斯基争吵不休，心想如果自己死了或许就不会再这么痛苦。于是，绝望的安娜选择了死亡。

安娜在火车站的铁轨上，让呼啸而过的火车结束了自己无望的爱情和生命。终于，她从这个世界的孤独中解脱了出来。

安娜·卡列尼娜的悲剧绝不稀奇。安娜无法对虚伪妥协，所以选择了结束自己的生命为这段恋情殉葬。这个选择将安娜所处的悲惨境地展现到了极致，让安娜的罪孽闪耀着神圣的光辉，也更加能够打动我们的心。

不管是爱还是被爱，都不能失去自己这个核心。请再次体味一下这一点。

今晚有些太晚了，不过，两个人一起结伴回去就没问题了。路上请小心。

第 5 夜

让你的伴侣成为
一个真正的合作伙伴

夫妻生活需要仪式感

> 她希望结一张网,保持一段不算远的距离,而网的那一端则牢牢地握在丈夫手中。

欢迎光临。好久不见了。您是什么时候从印度回来的?前天回来的话,那就是您一回来就赶来京都了呢。看您消瘦了一些,还请多多注意一下身体,不过我想凭您的身体条件应该问题不大。您46岁就离了婚,连儿子都和妻子一起离去了,该是多么的寂寞啊!不管怎么说,在日常生活中都多有不便吧。就算是丈夫离家出走了,妻子还得像往常一样洗衣做饭,只是家里少了一双筷子,做起来会轻松些吧。

我从一开始便知晓你们两个的感情,但是出了这种事情,还真是把我吓了一跳。你们两个都是顾家的人,可以说是相亲相爱的模范眷侣了,我一直都对你们家庭的幸福程度毫不怀疑。但是外人对你们夫妇和家庭的实

第 5 夜　让你的伴侣成为一个真正的合作伙伴

际情况确实不知情。

当我突然听说百合子已经离家出走的一瞬间，我不禁感慨，难道我们俩的关系竟已然到了如此见外的地步了吗？这让我很愤怒。然而试想一下，对于这个问题而言，他人的意见也起不到太大的作用。我经常这么说："自己好好反省一下，只有时间才能给你答案。"自然你们不会跟我商量。而这样做的结果，就是你们希望我能给出一个结论。

"别跟个婆婆妈妈的女人似的，把自家的家长里短到处跟别人说。"在您说这话的时候，我不住地点头表示赞同。

您说百合子已经 42 岁了，您希望一切都能够从头开始，您说妻子也佩服您的这个气魄的。虽然我知道这是您逞能才说的话，但我也理解您想要表达的意思。您之所以会产生这样美好的领悟，无非是摸透了对方宽容的秉性罢了。

妻子讨厌束缚的结婚生活，和婚前一样，对丈夫有些不满。她希望结一张网，保持一段不算远的距离，而网的那一端则牢牢地握在丈夫手中。

就好比永远逃不出如来佛手掌心的孙悟空，或许不管夫妻也好，爱侣也罢，能在对方的掌心里跑跑转转才是幸福和安全的。百合子是具备生活能力的，可草草做出离婚的决断未免为时过早吧。

"就算我有了新男人，这种恋爱也不是导致咱们离婚的理由。这三四年来，你都没好好看过我一眼。就算说话的时候，视线也从我头上飞过，不知看到哪里去了。我明明已经知道了这些，你却不想承认；我是真心想和你好好商量事情，你却敷衍了事，不温不火地熬日子。我已经受够了这样的生活了。"百合子是这么说的。

至于你，或许真像她说的那样，非常轻易地就答应了吧。你这种善解人意真是有点过头了，在你妻子看来，她会觉得你是个傻子，任何事情都无法获得你的认真对待，继而就会产生不满的情绪。

可百合子毕竟带着两个孩子，就算找到了新的恋人，估计日子也不好过。对于她的处境，我真是非常担心，不知道她那边怎么样了。

没错，听说她已经和那个恋人分手了，这也太快了。不过那个男人一定没有想到，百合子居然会带走两个孩子，破坏原来的家庭。

毕竟是个带着两个孩子的 40 多岁的女性，就算她身为职业女性，生活有保障，对男人来说也是个相当大的负担。她没有退缩，就算你原谅她了，她也没有回家，这才是百合子的做派。所谓覆水难收，她便是这么说给自己听的。

到了一定年纪,越需要彼此相依

> "他泰然自若地向背后瞥去的那一眼——所有的背影都飘在空中,就像灯光突然熄灭时,虚无的像风吹过一般的寂寞。"
>
> ——宇野千代《留恋》

年过40却想要过新生活,对于您妻子的此番提议我深表佩服。若说理解,我想这就是你们这代人微妙的觉醒。我无法评判它是好是坏,然而您说您不想为了在社会上出人头地而忙忙碌碌地争来斗去,比起工作更希望欢享闲暇时间。这听上去似乎挺美好,却可以说是没有一丁点儿的活力。在学生运动盛行的青春时代,许多人或多或少都曾遭受过心灵的创伤和挫折。蓦然回首,男人们认为自己看得很透,会倾向于稍稍装腔作势地心想

第 5 夜　让你的伴侣成为一个真正的合作伙伴

人生怎么会是这个样子。而女人们则会气得冒烟,觉得大家不是一般地好斗,似乎直到现在都还带着一副对谁都无法原谅的心情。对离婚毅然决然的也是这一代人。

女人们可是活力四射的。就像您现在这个样子,若说重返单身不感到寂寞,那肯定在撒谎。实话实说,一方面您觉得这是个解脱,毕竟恢复了自由身,我明白这种心情。然而,实事求是地讲,男人比女人更容易感到寂寞,孤独感也会更强一些。

对于你们这类对万事都持无所谓态度的人,我无法苟同。而你们这一代人中,也存在一些聚精会神投入工作、为了工作奋不顾身的人。见了这一类男人,我大吃一惊,因为我看到了他们孤独的影子。

啊,是吗?我想,那个人说不定是害怕正视自己的孤独,所以才不顾一切地投身到工作之中。

平日里精神充沛、坚持不懈地工作,这种男人背后是孤独。

那天是今东光先生的葬礼,送葬仪式安排在了上野的宽永寺。当时远在巴黎的东乡青儿[1]火速搭乘飞机归国,刚下飞机就从机场直奔了过来。

今东光先生和东乡先生,在青年时代就是好朋友了。东乡青儿体格健壮,虽然不算高大,但看上去很协调。就是他这种画画那么美丽的人,时髦的衣服上却总是沾有污垢。内在的丰盛游移于表面,这个富有男子气概的人生着一张漂亮的脸,不管是眼神还是体态,都氤氲着一种说不出来的魅力。

很久以前,我曾出演过文艺春秋的文人戏剧。在谢幕的时候,全体演员都回到舞台上向观众席抛掷手巾。当时大家都不讲究什么秩序了,一股脑地挤上舞台。不经意间,我发现站在自己旁边的这个男人正把手搭在我的肩膀上——正是东乡先生。

---

1. 东乡青儿(1897—1978),日本现代洋画家。原名铁春,1897年4月28日生于鹿儿岛市,1978年4月25日在旅途中卒于熊本市。早年师从有岛生马,1916年赶时代潮流,向第三回二科会送展未来主义风格的《撑阳伞的女人》而获二科奖。1921—1928年留学法国,归国后在二科展上发表留欧作品而大获成功。战后努力重建二科会,长期主宰该会,但与战前的二科会风格迥然不同。1960年成为日本艺术院会员。1976年在东京新宿设立了东乡青儿美术馆。

第 5 夜　让你的伴侣成为一个真正的合作伙伴

　　我们此前并没有说过话，我只是认识这张脸。东乡先生换上浴衣，身姿甚是潇洒，对他的这种魅力我简直是大吃一惊。

　　那时我刚刚 40 岁，算起来东乡先生也该是 60 岁出头了吧？

　　不愧是二科的泰斗风范，东乡先生威严而稳重，存在感和气场都很足。受他的魅力和温和感染，我竟忘了所处的场合，一瞬间竟神情恍惚了起来。

　　那天，能够和东乡先生站在一起抛掷手巾，我已经感到非常幸福了。

　　像宇野千代那样的美人兼才女，在年轻时就喜欢上了东乡先生。东乡先生和其他女人殉情未遂，不久两人就结婚过开了自己的小日子。对于这件事情，我也有所耳闻。那天的东乡先生，充满了成年男性的自信和力量。虽然已经过了男人最好的年龄，但他给人的感觉却是精力充沛。

　　打那之后的岁月，我们都未曾谋面。直到十年后的宽永寺葬礼，我们才久别重逢了。作为今先生的佛门弟子，我早已出家为尼，穿戴成僧人的模样坐在做法事的僧人的座位上。

记不清法事开始了多长时间，接下来就是致悼词的时候了。那时，东乡先生方才匆匆赶到。只见他来到遗像前的祭坛前，呼喊着："小今……"便哽咽了。身穿黑色套装的东乡先生，全身上下依然残留着巴黎的气息。我能够感受到这种别致的味道。他的悼词并不是刻意准备的，而是使用了和生前的今先生对话的口气，都是他埋藏在内心深处的独白。两人真挚的友情，真是炙热无比、万年长青。

那天的葬礼结束之后，人们纷纷散去。因为还要料理一些后事，我最后一个离开了宽永寺。在院子里的大树底下，我看见了一个孤零零的身影。那个身着黑色套装、戴着黑色软帽的身影，正是东乡先生。

东乡先生以为院子里的人都走了，便一个人留下来看向天空。那个身量结实、富有男子气概的身材率先抓住了我的眼球。东乡先生完全没有注意到我的存在，只留给我一个孤独的背影。这个背影比普通人的都要宽大，但不知为何，却似带着寂寞的表情。

我倒吸一口凉气，呆呆地站在那里。看他的后背似

第 5 夜　让你的伴侣成为一个真正的合作伙伴

在恸哭，我瞬间感受到了这点。我就跟看到了不该看的东西似的，怔怔地站在那里一动不动。

对于失意潦倒的男人来说，他们的后背很容易显得寂寞或是寒酸，这是情理之中的事情。然而像东乡先生这么成功的人物，他的后背竟也带着深深的孤独之情，我不禁大吃一惊。

在我看来，今天来了这么多吊唁今先生的人，其中没有比东乡先生更由衷地感到悲伤的了。

不一会儿，故作泰然自若的东乡先生的大眼睛里就噙满了泪水。没过多久，我也莫名其妙地流起了眼泪。

"啊，濑户内先生，我们两个都很寂寞啊。"

东乡先生认出了我，深切地呢喃着。

这便是我和东乡先生最后的相遇。悼词的结尾，东乡先生如是感叹道：

"小今，等我。用不了多久，我就会过去陪你了。"

东乡先生果然没有食言。就像他说的那样，不久，他也追随今先生往彼岸[1]去了。

---

1. 彼岸，佛教语，目的地，所向往的世界。指超脱生死的境界。

这么说来，宇野千代在《留恋》这部小说中，将东乡先生背后的情感给完美地描写了下来。稍等，我去把书拿来。啊，她是这么写的：

……四五天前，我在报纸上看见了柏村新吉的照片。为了迎接即将到来的秋季展览会，他的展销画作正在接受审查。虽然他的周围围了一堆人，但还是能够马上认出他来。他头大，肩胸健壮，上身颀长，像女人一般丰满的腰下出乎意料地长着两条又瘦又短的腿。他的体态像狮子一样极具特色，加代子想都没想便嘟囔说："你还是穿着那条运动裤啊。"

他下身穿着一条白麻的运动短裤，上身是短袖针织衫，是眼熟的夏季工作装。从水泄不通的人堆里向他那胖墩墩的背影看去，加代子有一种奇妙的感觉。每个人都有这样的时候，而新吉的背影没有一点寂寞的样子。不管走到哪里，他留在人前的都是这个背影。在停车场告别后，归途中的他也是这样的背影。谁都没有注意到，他泰然自若地向背后瞥去的那一眼——所有的背影都飘在空中，就像灯光突然熄灭时，虚无的像风吹过一般的寂寞，就这样出现在照片里。"我本是在傲然地活着。"积极的新吉一直宣扬着这样的理念，而这张照片却出卖了他……

这是宇野年轻时写下的小说，现在读来，竟一点都不觉得老旧，真的很不错。或许在不知不觉间，我们已经借由宇野的眼睛见识过男人背后的孤独了。

不知不觉间，宇野的眼睛从东乡先生背影的记忆中复活了，或许就像我的隐形眼镜一样，和眼睛黏在了一起。

尽管如此，还请不要再逞能了。当然，单身的自由可以理解，享受单身时光也能够明了。你们彼此试着分手、各过各的生活，今后再走到一起也不是不可能的事情。作为男人，到时候你试着主动点，说不定百合子突然就被你折服了呢！毕竟原本就是个坦率而正直的人，纯粹过了头，也不愿意对婚姻生活妥协。

用不了多久，百合子便会觉得身心俱疲。而你，或许也会显露出一个寂寞的背影。

啊，您要回去了吗？起风了，明天该会有不少落叶。欢迎下次再来。

第 6 夜

没人能陪你一辈子，学会和自己好好相处

每个人的生命中，
都有无比艰难的那一年

"幸福是什么？人生是什么？爱是什么？
活了29年，却连一个都没想明白。像这样，
还要继续活下去吗？"

千种女士，您许久前写来的信我已经拜读了。不管什么时候读到您的信总让我泪流满面。今天晚上没有月亮，也正因如此，星星才越发熠熠生辉。您在来信里说，每当凝视星空，便仿佛看到了丈夫闪现着光芒的魂魄。想到这里，我也不禁往星空看去。时间过得真快啊！自从您最重要的人离您而去，至今已经一年多。

读了您今天的来信以后，我又把您的第一封信找了出来重新拜读了一遍。

这封信让我想到了樱花，在清晨，像雪一样飘落在手心的樱花。

第6夜 没人能陪你一辈子，学会和自己好好相处

今年的樱花比往年盛开得要早得多，柔软的花瓣像细雪一样，终日里轻轻地飘散而去。

庵主师父，我的丈夫衫野浩二是在1990年3月22日凌晨3点18分离开了这个世界，享年34岁。他患的是原发性肝癌，查出来刚好3个月的时间，他就像医生预言的那样迎来了死亡。34年来，他无论做什么都是善始善终，却不承想那么快就离开了这个世界。

突然给庵主师父打电话，是在丈夫去世前第4天的早上。那个时候，我对丈夫几乎已经不抱生的希望了。元气耗尽的我已经精疲力竭了，感觉自己就跟快死了似的。至于为什么会给您打那个电话，我现在也记不得了。书本的背面留有您的电话号码，我就跟梦游症患者似的，脑子一转不转地机械地拨起了号码盘。这本书是我丈夫生病前买回来的。"给你"，他一边说着，一边笑嘻嘻地给我递了过来。他知道我喜欢庵主师父写的书，便买回来哄我高兴。

突然在电话里听到庵主师父的声音，我记得当时自己的身体不住地颤抖着，就像被温暖的手掌抚摸着脊背一样，我的后背不自觉地感受到一种快慰，便在电话里抽抽搭搭地哭了起来。

庵主师父耐心地等待我恢复平静，方才开口说：

"很难过吧,说出来或许会稍稍好受些。"

"我的丈夫奄奄一息了。"我大概是这么说的吧?我记不得自己是怎样语无伦次地倾诉着这件事情。只记得庵主师父没有挂断电话,一直听我哭诉到了最后。

"放弃是不行的。要一直祈祷,直到最后的最后。"

庵主师父如是劝道,并告诉我,从朋友和熟人那里也听到过一些类似的案例,那些人的生命要远比医生的死亡判决日长得多。

请继续祈祷吧。这句话给了我多么大的鼓励!

3月初的时候,主治医生宣告丈夫将无法撑过3个月了。听了他的话,我便决心要片刻不离地守在丈夫身边,3月6日向公司提出了辞职申请。正在这时,我接到了医院打来的电话,说丈夫病倒了,因为是脑子出现了病情,也不知道是否能够恢复到原来的样子。因为丈夫的情绪很不稳定,主治医生建议给他使用安定剂;这么做的话,就能增加他镇定地进入昏睡状态的可能性。可过不了多久,他可能又会返回到之前的精神状态,拖着个病躯,连50米都走不到。

接下来是腹部积水的抽取,胸部积水的抽取,直接往肝脏里打点滴,对病人来说,这两个星期真是一种煎熬。

第6夜　没人能陪你一辈子，学会和自己好好相处

这样的话，还不如给病人注射安定剂，让他本人在不知情的情况下进入昏睡的状态，我想这样他还能好受些。但如果真要这么做的话，就无法和他说再见了。

死因是3月20日晚上的吐血。从21日开始，他又回到了脑发病的状态，陷入了呼吸困难中。母亲和我在紧张地看着他，却没有想到这就是他生命的最后阶段。

21日，我们做好了迎接探望者的准备。以母亲、兄长、姐姐、外甥和侄子为首，亲朋好友都来了。寒暄过后，临别之际，他还告诉我们要"加油"。问候的人刚刚消失在走廊，我就忍不住失声痛哭起来。将死之人却还要反过来给苟存之人打气，真是不可思议。

脑发病以来，他整个人也变了，视线也开始模糊不清了。在去世前的几分钟，他看看我，看看母亲，好像要说什么似的，却什么都说不出口。

丈夫在那个时候究竟想说些什么呢？是想说他不想死，还想继续活在这个世界上？还是想说他恨我们对他撒谎？我永远都忘不了丈夫临终前的那个表情。

啊，那是怎样的3个月啊！

去年12月中旬开始发烧，从那时开始就已经有不好

的预感了。

今年1月15日的宣告……当我告知实情后，兄长、姐姐、好友们的眼泪都忍不住流了下来……

2月1日，下定决心要对丈夫撒谎，决不能把有关病症的实情告诉他。

2月下旬，只有这么一次，想要把隐瞒的实情告诉他。

3月2日，被告知丈夫无法撑过这个月了。

之后过了4天，终于还是把丈夫的病情告知了父母。

3月6日出现脑病，开始抽腹水、抽胸水。

3月15日，被医院告知病情已向肺部转移，然后丈夫便开始吐血。

现在回想起来，简直是让人六神无主的日子。1月15日，我下定决心决不在丈夫面前哭泣，决不气馁，绝不心慌意乱，决不放弃，一直要坚持到最后。我简直不敢相信，凭着自己的信念，我居然做到了。我想，正是因为有那些知道丈夫病情的人们，他们诚心诚意地为我们祈祷，鼓励并守护着弱小的我，我才能够坚持下去。并且我始终坚信，丈夫一定会和病魔斗争到底。

最后，丈夫也觉察到了自己的病情。尽管如此，为了不让我难过，他从未向我说过痛苦之类的话。在丈夫去世的前两天，他说想把从医院借来的小东西带回家，这样出院之后就可以用了。他很关心我，让我努力生活下去。对于这样的丈夫，我打心眼里尊敬他。

庵主师父，我无论如何都无法理解，那样温柔的一个人，他什么坏事都没有做过，把别人当成自己的亲人一样主动去照顾，为什么会患上这种绝症？不甘心啊不甘心，丈夫的命是被谁给换走了吧？

如果在我和他相遇的时候就已经预见了今天这样的事，我想我依然会跟他结婚。即便是现在，我也没有觉得自己不幸。

我也不知道是为什么，在刚刚和丈夫相识的时候，我在冥冥之中就产生了一种令我感到不安的预感：我无法和这个人长相厮守，一直走到生命的尽头。可我们在一起的生活很幸福，我便以为是自己在胡思乱想。然而，预感最终还是应验了。

对于丈夫来说，我算是个怎样的存在呢？我不谙世事，只会对着丈夫撒娇而已。正因为如此，我才会对丈夫的病情一无所知，直到病情扩大后方才如梦初醒。我就是他的草包妻子，无能又愚蠢。

住院期间，丈夫是那么不安，一个人发起愁来就走不出去了。如果能够代他受罪，我情愿将自己的胸腹撕裂，把我的血肉全部换给丈夫。他应该在这个世上继续活下去，34岁就面临着死亡的裁决，真是太残忍了。

我和丈夫的相遇也是佛祖所做的决定。在他短暂生命的最后6年里，是佛祖赋予了我这个任务，让我好好守护丈夫的吧。就算是谎言也无所谓，我还是想把它告诉每一个人。我什么都不懂。现在的我就只知道一点，就是丈夫耗尽了6年的心力让我明白的道理：与人为善，只要活着，不管怎样艰难，都要好好地活下去。

占用了您那么长时间，真是不好意思。多亏了您，我的心里才稍稍轻松了一些。请允许我继续给您写信。给庵主师父写的信，总感觉身在净土[1]的丈夫也能看到似的。

千种女士，从您之后的来信中，我可以听到您遗憾

---

1. 净土，是指清净国土、庄严刹土，也就是清净功德所在的庄严的处所。是诸佛菩萨为度化一切众生，在因地发广大本愿力所成就者。因为有十方三世一切诸佛菩萨，因此也就有十方无量的净土。例如弥勒净土、弥陀净土、药师净土、华藏净土、维摩净土。而释迦牟尼佛的示现成道，伟大的本愿就在于净化人间，以期将娑婆秽土转化为清净国土，这也是属于净土思想的范畴。

的呻吟，有时是极度的痛苦。

"为什么只有我们会受到这样的惩罚？憎恶他人的幸福，眷恋别人家的灯光。把那个人还给我吧。这些愿望都无法实现的话，就让我到那个人的身边去吧！"您的信里总是出现这样的话语。

"幸福是什么？人生是什么？爱是什么？活了29年，却连一个都没想明白。像这样，还要继续活下去吗？"您在信里这么写道。

这封来信，字里行间都流露着您在失去挚爱后的遗憾和痛苦，仿佛每一个字都氤氲着紫色的烟雾。我看了，连一句宽心安慰的话都说不出。在您的痛苦中，还能生出怎样的救赎？我打心底里深深叹息着，不禁为您所爱之人的菩提[1]和您的心安而祈祷。您还年轻，一想到您今后的漫漫人生在遗憾和痛苦中度过，我就会一阵心痛，不胜唏嘘。

事到如今，我想，无论怎样的语言，都无法安抚您心灵的痛苦；我能做的，就只剩下虔诚地祈祷您能在时间中治愈。

---

1. "菩提"一词是梵文Bodhi的音译，意思是觉悟、智慧，用以指人忽如睡醒，豁然开悟，突入彻悟途径，顿悟真理，达到超凡脱俗的境界。

在这个世界上,最强大的力量始终是爱

> 在悲伤的最底层,我有了一点一点站起来往上爬的可能性。就是这个被人们常常说起的叫作自然治愈力的东西,能够治愈因悲伤和孤独而衰弱至极的内心。

千种女士,今天收到了您久违的来信。信里的内容真是值得称赞,让人很是感动。

自从丈夫过世以后,已经过去一年半了。许久未和您联系,实在是不好意思。

所谓岁月如白驹过隙,时光还真是飞一般地转瞬而过。

两年前,在丈夫的身体还算硬朗的时候,深秋还是让人感到幸福的。去年的深秋,刚刚失去丈夫的我却整日过着昏天暗地的生活,我第一次体味到,原来秋天也可以是那样的寂寞。再加上所有那些与病魔做斗争的悲惨日子……一天天、一夜夜，就像放电影一样地浮现在我的眼前。

唉，究竟是如何一步步沦落到如此境地的呢？现在想来，就像是晕头转向地被拉向了一个深不见底的黑暗沼泽。

就这样，我居然自己一个人继续活了下来，真是不可思议。虽然身体里挤满了悲伤的细胞，但我在晚上却还能安详地睡去，早上起来也能习惯性地吃些东西，和别人说说笑笑。我越来越搞不懂这所谓人类的精神构造了。

在悲伤的最底层，我有了一点一点站起来往上爬的可能性。就是这个被人们常常说起的叫做自然治愈力的东西，能够治愈因悲伤和孤独而衰弱至极的内心。

日复一日，早上一睁眼便心想丈夫都去世一年了，而我又开始了苟延残喘的一天。没有丝毫喜悦，剩下的只有满满的失落感。睡觉之前，面向丈夫的牌位，祈祷丈夫能将熟睡的自己一同接走，寂寞得简直要发疯了——这样的祈祷已成为家常便饭。周年祭过后，才终于有一缕微弱的光线，穿透无边的黑暗走到了我的心里。

从那以后，我便想避开与医疗相关的一切事件。每当在报纸上的广告栏里看到癌症之类的字眼，便会条件反射地闭上眼睛。大约在周年祭之后，再看到这样的文字才开始不再闭眼。确切地说，我会被生病和与医疗相关的报道自然而然地吸引过去，无法从那里转移视线。然后我在春夏之际，开始了与医疗事务有关的学习——关于癌症、关于告知、关于脑死亡、关于衰老、关于有尊严的死亡……我想，我必须穷极一生来寻求自己的答案。我不知怎么考虑才算是正确，面对丈夫的牌位，该何去何从呢？倘若是你处在这个位置，又该如何考虑呢？一直这么追问着。那个时候，丈夫无论何时何地都知道我的心里在想些什么。也有些时候，他便干脆反过来问我说："就是啊，这可是个难题，千种你是怎么想的呢？"丈夫生前，我只有从彼此肌肤相亲的性爱中，才能感受到彼此的水乳交融，心想："啊，两个人合为一体了啊。"而自从丈夫去世以后，我反而开始感觉到，无论什么时候，丈夫始终都与我同在。

我开始想把自己的一生都献给医疗事业，从事与医疗相关的工作。因此，这次我来到了职业介绍所，试着应聘了职业培训学校的护工。护工这个词，用英文写显得比较洋气，总而言之，就是通过为期 6 个月的课程来学习怎样照顾别人。"护工可是个辛苦的工作啊，为什么要找这个苦吃？"姐姐们都这么劝我放弃。然而，在我当年照顾丈夫的时候，我对如何擦拭病人的身体都一无所知。我的护理会让病人不安、烦躁，有时还会令他感到恐惧，这些都是相当悲惨的回忆。如果能早些了解基本的护理方法，我便能更加得心应手，将病人照顾得很开心。这么想来，我真是悔不当初。

同样的注射方式，如果给病人打针的是个熟练的护士，那么病人就会很开心。

随着日本人口的老龄化，在护士人员短缺的日本医疗界，将来若是少了护工的支持恐怕也是不行的。

为人方面，我为自己的不成熟而感到惭愧。不过，随着不断深入地学习和经验的积累，我希望对待那些饱受病痛之苦的人、孤独的老人和残疾人时，自己能够像对待自己的亲人一样充满爱意地给予照顾——是不是有些太自高自大了？如果我能成为一名合格的护工，我希望能把护理方法传授给各类人群，能够给卧床不起的老人和痴呆老人提供护理服务，为他们重新回归社会提供力所能及的帮助。

无论如何，请祈祷我能从学校合格毕业吧。自从出生以来，我见到的第一个死者就是自己的丈夫。假如我最初见到的死者不是自己的丈夫，或许我不会产生这样的想法。我想，正是丈夫的死亡，决定了我未来生活方式的选择。

庵主师父，这是为什么呢？现在的我居然连一丁点的焦虑都没有了。以丈夫的死亡为契机，现在的我连工作都给辞了。这在当时是无论如何都不会想到的。作为一个30岁的未亡人（我讨厌这个词汇），我没有人可以依靠，爱着的人也不在这个世界了，更没有勇气一死了之，为什么心却如此平静呢？只能走一步看一步了，毕竟在这个无常的世界，谁也无法预料下一步会发生什么。而这时的我，也终于理解了关于无常的含义。想当初，我们夫妇二人是多么盼望能有个孩子啊，而佛祖却不肯成全。而现在，我已经不再悔恨了。

随遇而安，任生命自由流逝。我决心抱着这样的想法生活下去。

我的不幸引来了大家的关心，他们推荐我去加入各种各样的新兴宗教。他们说，我的不幸是祖先的恶报，是因为供养方式不对，等等。然而，有一点我越来越深信不疑，那就是在这个世界上，最强大的始终是爱。

也有过两三个人来跟我谈再婚的事，我还真有些吃惊。只是才刚刚过去一年，要是再婚的话，的确有些出人意料。

而另一方面，因为过度的悲伤和寂寞，有时被不喜欢的人邀请，我心里还真是没有把握。庵主师父，请原谅我的忏悔吧！请替我的丈夫责骂我吧！

真是愚蠢，其实我早就意识到了，我对那个人的爱不是真爱，仅仅是迷失了方向。而那个人却是那么的纯粹，对我是那么的一心一意。我伤害了那个人，并为此而内疚。这种错误，我绝对不会再犯第二次，也不会再和他见面了。

我决定，在丈夫三周年祭之后，我将离开这座城市。倒不是因为想要从对丈夫的回忆中解脱出来，而是为了自己完成的蜕变，重获新生。

说来奇怪，我的心情就像是完成了自己在这个世界的任务一样，下一个任务将是佛祖给我的吧！

在20多岁青春洋溢的时候，能有丈夫陪伴在身边，真是幸运。在给您写这封信的时候,我的心情又归于沉静。谢谢。

千种夫人,您的心灵能不断成长、日渐强大起来,这个速度真是惊人啊!果然,您的丈夫已经住进了您的心里,和您合二为一了。您能变得如此强大,我终于可以松一口气了。离开这座城市是个不错的选择,相信您一定会开启一段美好的旅程!从此以后,请将自己交给佛祖,自然而然地走下去。不要把自己逼得太紧,放宽心,慢慢来。请把您的一切,都交给与您融为一体的丈夫的灵魂和佛祖。信者得爱,您会从昔日里那些受人尊敬的僧人那里学到很多东西。

不用那么努力去做到这点,请慢慢来。欢迎来寂庵,我在这儿等待您的光临。

第 7 夜

情人：
很美很残酷

有条件的爱，不如不爱

> 明明是吃亏的一方，您却生出了想要守护爱情、忠实地活着的想法，在我看来真是可怜，也一直为您担心不已。

欢迎光临。感觉到冷了吧？从昨天开始，天气就突然转凉了。

您看上去消瘦了一些，是在节食吗？万一得了神经性胃炎可不好。或者工作太忙了吧？还是说，和您那位之间发生了些什么？您芳龄几何呢？啊，42岁了。已经这么大了吗？可您还是与我第一次相见时的样子，一点都没有变呢。我活得倒是无忧无虑，老是想着自己也就三十六七岁呢。

当然这种事情怎么可能呢？我已经到了古稀之年（当时是1991年），您第一次在这里见到我时，我大概已经出家五六年了。当时您前来对我说您也想出家，我

第 7 夜　情人：很美很残酷

说不行，谢绝了您的请求。这么算起来，当时的我也就五十六七岁，大概是 12 年前的事情了。对了，那个时候您才刚刚 30 岁，正在为无法决定自己将来何去何从而焦虑。您有一个相处 5 年的恋人，可是那个人有妻子，无法和您结婚。您一开始得知这个实情的时候，心想只要喜欢，就算不结婚也无所谓，哪怕一直以情人关系相处都行。然而过了 30 岁，家里人都着急催您结婚了，这时您也开始感到迷茫了。您单纯地想着干脆出家算了。可是以那样的理由出家，是不会长久的，所以我拒绝了您的请求。

可是借着这个缘由，我们的关系也渐渐熟络起来。对方不能和您结婚，您却自始至终都和他保持着情人关系。明明是吃亏的一方，您却生出了想要守护爱情、忠实地活着的想法，在我看来真是可怜，也一直为您担心不已。就仿佛看到了自己当年的样子一般。

后来，您也相过几次亲，也刻意去试着谈了几次"恋爱"，但结果还是空虚不已，所以后来又回到他的身边。

不能结婚也好，一个人单身到底投身于工作也罢。

您做好了这个打算,便一边做办公室白领一边认真学习英语,在老师的帮助下,工作也渐渐有了起色。您对我说您现在已经可以靠英语养活自己了,真是个可喜可贺的消息。那时到现在,已经过去数年了,这么算起来,您现在自然而然也有42岁了。

有了孩子要不要生?该如何是好呢?当时为了这个问题,您可是烦透了。最后决定不把孩子生下来的时候,您说:

"从一开始就觉得对不住那个人的妻子。现在再厚着脸皮把孩子生出来的话,那罪过可就更大了。"

真是可怜……然而,想到自己当年也做过一模一样的事情,对于您的心情,我十分的理解。

那个人一次都没有说过他妻子的坏话。虽然她可能也感觉到了你和她丈夫的关系,却充耳不闻。若是知道了就不妙了。他是这么说的。作为两个温柔的女人,好是好,但却给了男人周旋于她们之间的放纵机会。这种男人又狡猾又优柔寡断,在别人看来,也没有什么好的。然而,所谓喜欢上一个人,就是喜欢上了对方的全部。这也是一个人的自由。被别人不认可的那点所吸引,这种现象也是存在的。常言道:萝卜白菜,各有所爱。在

第7夜 情人：很美很残酷

别人眼里是优柔寡断、狡诈滑头、女里女气，到了情人眼中便成了温柔体贴、多情倜傥、有同情心，真是没办法。

我有个朋友，她有一个外表潇洒、头发浓密的丈夫。可出乎意料的是，她却被她那个矮胖、短腿的情人迷得神魂颠倒。那个长得跟丘比特娃娃似的男人究竟有什么好的？我表示实在不理解。她却似恼非恼地一个劲儿地道歉说，他的肚子胖乎乎的，很是可爱。

结果，两人的感情更浓厚了。

是否给对方增加经济负担，是评判情人是否独立的唯一标志。从男人的立场来说，若想在家庭以外拥有一个不需要自己花钱的情人，恐怕是不现实的，哪里会有这样的好事。

可虽然明白这个道理，却依然无法斩断情缘，只好任由其发展。

即便如此，您将这个度把握得还真是好。这十多年来，虽然你们的关系偶有中断，但最终还是一路走到了现在。与其称之为情人，不如说这种感情更像是夫妻之间才有的。

之所以不是夫妻，是因为虽然男人每天都来，但半夜还是得回他自己的家。每当节日,如圣诞节、新年,他也铁定不会陪在你的身边。在你突然想和他说说话的时候,或者出现突发困难的时候,再或是突然生了急病的时候……总之,就是想让男人陪在身边的时候,却寻不到他的踪影。

我在小说《溢出物》中,曾写过这样的文章:

新年期间,知子和慎吾的生活,第一次遭遇了一年来最悲催的至暗时刻。

知子坚决地对慎吾说,他必须和他的妻子分手。按规矩,在家庭需要丈夫的日子,比方说家人的生日、亲人的庆吊[1]、氏族神的祭祀,丈夫必须要陪在妻子的身边。理所当然的,若想在新年期间去别处度过,连想都不用想,这肯定是不行的。

知子在没有慎吾陪伴的情况下,已经独自度过了很多个春节。这种惨痛的记忆堆积在她的胸口,压得她透不过气来。

---

1. 庆吊,庆贺与吊慰。亦指喜事与丧事。

第7夜 情人:很美很残酷

一个人在下宿[1]度过除夕,这种深深的寂寞真是难熬。当然,还得自己一个人去朋友家拜访。就像人们所说的那样,她也觉得自己是插足别人家庭的第三者。于是,在这个令她感到无地自容的春节,她背负着痛苦的体验,辗转在旅行目的地的各种旅馆之间……在火车上度过的第一天夜晚,窗外是绵延飞逝的山岭;漂游在海峡的联络船里,伴着雨声从收音机里传来除夕的钟声;温泉小镇的浴缸里,在一片寂静中回首往事……

在这些风景中,知子身上的黑暗孤独晕染在了一起,越积越深……

您也是这样的吧?曾经,在和一个有家室的男人私通时,我经常会认真地想,如果这个男人在我的房间里突然死去,这该如何是好?不管怎么说,还是不得不把他送回到男人的家里去。并且还得打车给送过去。当时我还很穷,自然也不会有自己的私家车。记得从我那儿到男人家的距离,即使坐电车,也得两个小时。这么长的距离打车或是租车,我在心里估算了一下费用,真是

---

1. 下宿,一般家庭供学生等寄宿的空房间。

连考虑都不敢考虑。

这也就罢了，我还在担心，如果男人在自己的房间里生了病，不是致命的那种病，该怎么做才好。当时，男人就像钟摆一样，把自己的时间平分给了我和他的家庭，日子就这么过下去了。我只知道他家在哪儿，却一次都没有去拜访过。

当时的我倒是年轻体健，最多也就是患个感冒这样的小病，但男人就不同了。他比我年长，体格瘦弱，气色也不好，还经常生病。

在那种时候，就算真心想去探望他，都没有理由前去，不知道有多么担心。可等他真的死了的时候，因为我们已经分手很长时间了，我连他什么时候生的病都不知道，还是从我们共同的朋友那里听说了他已经死亡的消息。当然，我也没有去参加他的葬礼。

我用了两个小时来缅怀和他的感情，哭得很难受。不知不觉已经过去了十几年，我和他的回忆，也渐渐被尘封在旧时光里了。但现在想起来，我依然会感到胸口隐隐发胀，对他的怀念和悲痛之情丝毫不减当年，仿佛还是做他情人的时候那样。"人都已经死了，难道不该去

第 7 夜 情人：很美很残酷

告个别吗？"男人是被可怕的癌症夺走了生命，他已经非常可怜了。而我，却对他得病的事情毫不知情，这怎么能原谅自己？更何况直到临终，我都没能去送他一程，更是没有道理。心里的苦闷全都化作泪水，夺眶而出。记得那时，我已然穿上僧衣，出家为尼了。

哭累了，啊，是吗？我就是在那样的日子出家为尼的。我似乎听到了噼里啪啦的破碎声，一切都结束了。平静下来之后，身体也豁然轻松起来了。

敢做，就应该敢接受惩罚

> 既然你夸口说没有给人家造成经济上的负担，那就也试着像个成年人一样，来承受那种孤独的辛酸吧！

现在，您的那个人得了重病，您也没去探望过。看到您思虑过度像个病人一般，我看在眼里也很不是滋味。对于您现在的痛苦，我完全能够感同身受。所以，真是可怜得不得了。

然而，我还是想对您说句过分的话，今天这样的情形，您在两人的关系存续期间已经设想过不下几百遍了，应该也做了一定的心理准备。然而您也知道，当设想真的在现实中发生时，那样的心理准备也变得无济于事。

不要哭泣，也不要担心，虽然现在想哭是自然的。但恕我多管闲事，我劝您最好还是不要瞒着他的妻子去见他最后一面。别忘了，您和他相处了这么长时间，一

第 7 夜 情人：很美很残酷

次也没有责怪他不和妻子分手。那么就请再努力一次，再勉强忍耐一下。这就是身为情人的美的觉悟。不管她知道也好不知道也罢，她能放任自己的丈夫和您在一起度过了那么长的一段时光，对于她而言，不去送别与其说是一种礼仪，更称得上是一种体面。

情妇——我故意自虐式地用情妇这个词来称呼——简单来说就是喜欢上了有妻子的男人的人，她给那个男人的妻子带去了难以想象的孤独，所以也请干净利落地接受情妇应有的惩罚吧。既然你夸口说没有给人家造成经济上的负担，那就也试着像个成年人一样，来承受那种孤独的辛酸吧！

做一辈子的情人，很美很残酷

> 卡佛虽然已有妻室，但他深爱苔丝。当苔丝得知卡佛患了绝症，在他去世前两个月，他们结了婚，苔丝一直陪伴卡佛到生命最后。

对了，现在想起来了。在前来这里的客人中，也有一定比例的外国朋友。去年，我曾与雷蒙德·卡佛[1]的遗孀——苔丝·加拉赫[2]见过面。

雷蒙德·卡佛是美国现代文坛的鬼才。在日本，他的作品经由村上春树翻译介绍，很受大众欢迎，读者甚广。

1943年出生的苔丝，在20岁时嫁给了她的第一任飞

---

1. 雷蒙德·卡佛（1938—1988），美国20世纪下半叶最重要的小说家和"简约主义"小说大师，是"继海明威之后美国最具影响力的短篇小说作家"。《伦敦时报》在他去世后称他为"美国的契诃夫"。
2. 苔丝·加拉赫，美国当代女诗人，卡佛第二任妻子。

行员丈夫。在丈夫奔赴越南战场期间，她致力于自己文学才能的开发；当丈夫从战地归来后，她与丈夫离婚进入爱荷华大学[1]开始学习创作。为了成为一名被认可的诗人，苔丝和一名诗人结婚又离婚，随后结识了有名的雷蒙德·卡佛，希望和他一起生活。卡佛虽然已有妻室，但他深爱苔丝，直至生命最后依然和她生活在一起——1988年8月2日，卡佛因肺癌去世。

一开始两个人只是同居，并没有结婚。然而当苔丝得知卡佛患了绝症时，她跟他结了婚。她是在卡佛去世前两个月，也就是1988年6月17日和卡佛结的婚。

美国男人和日本男人不一样，他们不会同时周旋于妻子和情人之间，不会和两个女人一起生活。不管怎样，他们离婚后都会给妻子留下一大笔赡养费。美国女人一定会让男人在自己和别的女人之间选一人。所以一般来说，男人在选择了情人时，就算要支付大笔的赡养费，也还是要和妻子离婚。

---

1. 爱荷华大学，又称艾奥瓦大学，坐落于美国中部爱荷华州东部一个美丽的小城——爱荷华城。1847年成立，为一所研究型大学，在国际上享有声誉。

在和我相见时，苔丝·加拉赫大约45岁。她是个高个子大眼睛的女人，不太爱说话，给人一种温柔且温暖的感觉。我仍记得她那栗色的长发，十分美丽。她仪态大方，举止优雅，一点都没有大学里知识分子的架子，给人的感觉就像是城市富裕人家的妻子一样。

刚开始和卡佛同居时，苔丝发表了她的短篇小说集《爱马的男人》，在日本也有译本。我在读了这本书之后，完全膜拜于她，成了她的忠实粉丝。她不愧是个诗人，感情敏锐而朴素，这部作品集真是既温暖又让人回味无穷。

和作者苔丝相见后，我觉得她的作品就是她本人人生经历的真实写照。

从我们相见的那一瞬间起，两个人的心就开始交融，就好像很久以前就认识的朋友，彼此心意相通。

在我为卡佛的去世致吊唁词时，眼看着苔丝刚刚离席转身就潸然泪下，她仍未从他离去的悲痛中走出。和苔丝一同前来的还有《爱马的男人》的译者——黑天绘美子，她是此行的翻译。

我很快就意识到，苔丝是个心思细腻、情深意重、

第 7 夜　情人：很美很残酷

富有同情心的女性。同时，她还是一个对人没有戒备心、容易轻信别人的女性。

我们在一起聊了很多，在说到按照日本风俗，还不到卡佛去世三周年的忌日时，她那回忆中的表情变得温和了起来，看上去真是再幸福不过了。

我问她，为什么居然在卡佛死之前就结婚了呢？"我知道他要死了，我想在他最后的时间里，尽可能华丽漂亮地做给他看。"她是这样回答的。

"在被医生告知他时日已不多之后，您见过他的前妻和孩子吗？"面对我冷不丁的无礼提问，她的回答也很迅速。

"嗯，虽然就我个人而言很不情愿，但是我认为把她叫过来见上一面是人性的选择。"

我不禁紧紧地握住了苔丝的手。

"然而在这期间，我还是觉得讨厌，就去病房外面等了。"

听到她如此坦率地说出讨厌二字，但不管怎么说却还是顾及了那一家人的情绪，这样的苔丝一定具有深深的同理心。

这是些想做又无法做到的事情，在我自己周围也有不少这样的例子。我为苔丝的这种处理方式而感动。

想必卡佛在临死之前，也会为苔丝的温柔懂事而深深感动。

心情稍稍平静一点了吗？日本男人也逐渐开始像美国男人那样，直截了当地做出二选一的抉择了。

从前在遇见宫古晴海[1]时，她说现在和她生活在一起的男人居然毫不犹豫地就把妻子给甩了，这种人还是算了。

如果不能见面，还是会担心、难受。请您祈祷吧！我也会一起祈祷。

好了，欢迎您再次光临。当您寂寞时，我在这里随时恭候……

---

1. 宫古晴海，（1948 年 2 月 22 日—）日本女歌手。

对自己负责，相爱依然要分手

> 与其和一个不能结婚的人拖拖拉拉地粘在一起，倒不如动个大手术，把脓包给取出来。

平安到家了，现在是午夜 12 点。原本想明天给您写信的，可躺在床上又睡不着，我便从床上坐起来。果然还是得今晚给您回信啊！

写信，能让人更明白自己的内心所想。我记得曾经有人说过这样的话。

今天，在我突然造访天台寺的时候，万万没想到师父您居然会到寺院的门口迎接我，真是让我受宠若惊。

"哎呀，欢迎光临。咱们好久不见了，已经过去两年了吧？"

师父您正微笑着欢迎我的到来。

"您来的正是时候。今天是秋天的大祭，外面人山人海的，我好不容易才给大家提点完，也算是松了一口气。

看您的气色不太好,是发生了什么事吗?"

师父您说这话的时候,我差点忍不住要哭出来了。

"其实也没有什么……不过,我该怎么办呢?"这些愚蠢的问题从我嘴里蹦了出来。

"您说谎了。究竟发生了什么呢?您的脸上可是这么写着呢,我一眼就看出来了。总之,请先进屋来。他还好吗?"

师父您说话的语气和平日里一样,直击到我的内心。我含混不清地回答说:

"可能吧……"

"'可能吧'是什么意思?是已经分手了,还是现在正在吵架?"

"分手了……都已经分手一年半了。"

"果然……好吧,我洗耳恭听。"

师父您淡淡地说,就好像丢了的只是一支钢笔。我的情绪突然就跌到了谷底。今天,我孤身一人,低头沿着山路爬到了天台寺。而就在两年前,走在这条山路上的却还是我们两个人,边说边笑的,好不快活。我记得,当时正殿的房顶正待好好修葺,他便以我的名义向寺院

第 7 夜 情人：很美很残酷

敬奉了修缮费。

我记得，他在那棵树下、钟楼的前面给我拍过照片……真是不管看到什么，都令人睹物思人。

所以刚才在门口说对不起的时候，我才几乎要哭了出来。我想，师父您一看到我那个表情，就对我的境遇变化了然于胸了吧？

"冷吧？来点儿烧酒吧。还有美味的面汤锅[1]，来点儿。"来到屋里，师父您没有让我马上倾诉，而是拿出一个接一个的食物和饮料让我先食用。

"那么，现在你在忙些什么呢？"

见我的脸色稍稍有些平静了，师父您才若无其事地问了问我的情况。

我对师父您说，自己现在白天在残疾儿童福祉学园工作，而为了学习与福祉相关的事情，晚上会去专业的夜大学习。每天的日程都安排得满满的，总感觉时间不够用。师父您听了非常高兴，鼓励我说：

"这样多好啊，与其和一个不能结婚的人拖拖拉拉地

---

1. 面汤锅，岩手县的地方风味菜。是一种蔬菜和鸡肉之类混合煮熟，加入小麦薄饼和手撕丸子做成的料理。

粘在一起，倒不如动个大手术，把脓包给取出来。请带着自信去做吧！怀有一个大大的梦想，反正想要一头扎进福祉相关的事业，将来自己创建一个理想的残疾儿童幼儿园，建一所学校，都是不错的选择呢。"

上次我们两个人一起来拜访的时候，您态度很好地接待了我们，也郑重地招待了他。回去的时候，他有无尽的感激和高兴！

他边开车边对我说：

"不过有一次我还是挺害怕的。你离席去补妆的时候，就是准备回家那会儿，师父她就正对着我，盯着我一直看一直看。还对我说：'不要让S子伤心啊，还请您负起责任来。'那眼神严肃而认真，真的是非常恐怖。我直涨得脸通红，坐直身子说：'不会的，我发誓！'"

想到情深意重的您那么放心不下我，我不禁痛哭流涕。

他在和我提到分手时，想必也是记起了师父您的此番劝诫。他说要"负起责任"。

然而在这种场合，男人口口声声说要对女人负责任，又能做些什么呢？要让他放弃家庭、和妻子离婚之类的

第 7 夜　情人：很美很残酷

话，我一次也没有对他说过。因为我知道，要是起了这样的心思，或者只是在心里有了些许意向，就等同于把这个问题交到男人一个人去了断了。

情人也好，情妇也罢，我都不在乎。哪怕被人嘲笑，被人从背后指指点点，我也可以置若罔闻。乡下的继母对我有养育之恩，要是真的沦落到了这步田地，我都做好了和她断绝往来的准备了。

师父，在我3岁的时候，我的亲生母亲就抛弃了我和父亲，和别的男人私奔了。后来父亲娶了母亲最小的妹妹做填房，是她把我拉扯大的。继母和父亲在一起生了两个弟弟妹妹。继母怕我变得乖僻，养育我的时候格外的用心，给我的照顾比弟弟妹妹都多。就因为这样的"不公平"，反而让我有些拘谨，我知道自己并不是她亲生的孩子。

小说和电影里经常会出现这样的场景，我和抛弃我的生母相遇了之类的故事。而我，一次都没有想过。可是我却想知道和母亲相似的一些事情，于是便开始读小说，然后就开始读师父您写的书了。我想听到像生母那代人的真心话，或许从师父您的书中可以找到答案。

抛弃我的生母似乎不太走运，和情人的关系也处得不尽人意，就过了三年也被抛弃了。后来她从事了各种各样的工作，病死的时候，近亲中竟没有一个人知道。我听说，在接到P市福利医院的通知时，还是继母去取回了骨灰。

人们常说血缘关系，可我对自己生母竟一点儿都没有想念的感觉。她的长相，她的声音，都已经在我的记忆里销声匿迹了。我的母亲，就只有将我抚养长大的继母一个人。

在我和他还生活在一起的时候，我经常会阅读师父您写的书。不能和情人结婚的女人，在圣诞节和新年期间便无容身之处了。这则短篇我不知反复读了多少遍，体味着她当时的情绪，是多么的孤单和寂寞啊！

挣扎，是为了更好地选择

> 每当午夜时分或者是暮色四合的时候，我都会在无声的世界里眺望着万家灯火。只有自己的存在，才是可信的。

为了方便我们往来，他给我在旧市街的一个公寓租了一间房间。就像师父您经常在小说中写到的那样，从这个 11 楼的房间里，恰好能够看到富士山。

就像师父您经常设计的情形那样，在他回家以后，我也会坐在房间的窗前。随着天色渐亮，我会看着富士山的影子渐渐从黎明中清晰地浮现出来，然后久久地凝视它。

现在，他应该正躺在自己家的床上，将妻子的头搂上自己肩头酣然而睡。

我们相处的时间越来越长，我反复从您的小说中找到和自己相似的生活场景，钻研了一遍又一遍。当然，这大多数是在他起身回家而我又睡不着的时候阅读的。

我特别喜欢《烧兰》这个短片。我把这个袖珍本放在手提袋里，随身携带。不管展开的是哪一页，都是我心情的真实写照。

和男人一起待在公寓的房间，我们在里边说话、做爱，还有告别仪式。我像小说中的女主人公那样，会在送走男人之后，赤身裸体、双手掩面地蹲在门后的阴影中；也会一边慢吞吞地收拾男人弄乱的房间，一边设想着男人回到家后和妻子的对话以及他们的一举一动，那般情景历历在目，就仿佛是拿着望远镜看到了一样。

所以最后想来，这部小说中的所有女人的爱，最终都没有逃过以分手告终的结局。

就算爱着也孤独，爱，最终都逃不过分别的结局。这样的话，您在书中反复说过。和自己的亲人相比，我反而感觉和您有着同样的血统。

在下决心和他分手时，我反复阅读的书是《比睿》。这是您剃度出家后写下的小说，也是我最喜欢的一部。

这是两个人在这个房间里度过的最后一夜，然而俊子的心却一点都不迫切。可正因如此，就仿佛脚底的沙子即将被波浪卷走了一般，这种不安定的焦躁感慢慢地爬上了俊子的后背，凉意冲顶。

凝视着眼前这个熟睡在浓浓黑夜里的男人，俊子的瞳孔也在放大，放大……大城市的屋顶无限绵延，直至大地尽头。那些白天看上去分外丑陋的大楼，像毒蘑菇一般鳞次栉比的矗立着；这个旧市中心的山冈，也完全融入到了这黑暗的夜色中去，就像是幽深的森林，静默在这一片黑暗之中。凝视着这暗夜的景色，俊子仿佛看见了没有出口的深山老林，又好像看见了一望无际的辽阔海洋。在起风的夜晚，可以听见强风过境时发出的类似笛声的悲鸣；当暴风雨来袭，也可以听见打在夜间窗玻璃上的哗啦哗啦的声音。也有这样的夜晚，迷路的疾风在数不清的大楼间隙中胡吹乱撞，就好像成千上万支破损的土笛齐吹共鸣一样。

在男人站着的地方，面对着像男人一般脆弱的墙壁，一个人独自沉浸在深夜的风声里。俊子独自度过了无数个这样黑暗的夜晚，记忆中的幽暗蔓延开来。

在遥远黑暗的对面，就好像感觉到了将要刮风的信号一般，只听风儿从大楼的中间渐次呼啸而来，比风声更尖锐的是警车的鸣笛声。声音盘旋在夜空，渐渐消失在远方。无数个夜晚，我曾幻想消失在耳畔的鸣笛声又重新响起，它是为自己的尸体而来。这样的场景就像真实发生的那样，历历在目。

我又重温了师父的这篇随笔,果然指的是这个场面。

《比睿》中的一个场面。穿梭在大都市高楼之间的风声,听上去难道不让人感到害怕和寂寞吗?吹过嵯峨野的竹林疾风,穿越广阔的原野的疾风,各自的声音都带有特定的寂寞。我永远都忘不了游走于高楼凹面的类似于笛声的风声。每当在公寓的工作场所听到这个声音的时候,在感受到人类孤独的同时,也不由得想到风的寂寞、云的寂寞,以及孕育了这些寂寞的自然的孤独。

出家之前,我在东京老家壹岐坂工作,工作地点在一所公寓的 11 楼。从窗户往外望去,可以看见后乐园。那时,后乐园还没有盖上圆顶。

夜幕降临,后乐园里紧挨着球场的快速滑行车的轨道上便闪烁起灯光,仿佛是金色巨龙一般的快速滑行车在起伏不平的铁轨上疾驰而去。华灯初上,城市的夜晚嫣然登场,忽明忽灭,甚是美丽。蓝色瀑布状的霓虹灯在夜空中上下流动,它在给清凉饮料水做广告。还有给杯装红茶做广告的霓虹灯,也浮现在星空中。

远在新宿和池袋的繁华街道上,街灯像着了火一般将天空染成了一片红色。

游乐园四周高楼林立,万家灯火数不胜数。就像故事里讲的那样，它们温柔地装饰着各自的窗户。

因为公寓的隔音玻璃窗关着，所以房间里面的我听不见外面的一切响动。独自一个人站在没有声音的世界，我凝视着窗外各式各样的灯光场景，真是寂静得孤独、孤独得难耐。虽然已经过去了 20 年，那样的情绪，我依然记忆犹新。

然后到了半夜，大部分的灯光都熄灭了，只有零零碎碎的几盏灯还亮着，宛如闪烁的萤火虫。

突然回过神来，却发现映射在窗户玻璃上的，只有午夜自己疲惫的面颊和孤独的身影。猛地打了一个冷战，只感到一阵凉飕飕的孤独感如流水一般蹿上脊梁。

当时的自己，也并不是没有朋友和恋人，工作上也没有什么不顺。

可即便如此，每当午夜时分或者是暮色四合的时候，我都会在无声的世界里眺望着万家灯火。只有自己的存在，才是可信的。

那所谓的孤独，仿佛是隐藏在皮肤里的独角兽，让容颜寂廖。为了出家，我就是从这间房子里向中尊寺出发的。

世间所有的离别,都是身不由己

> 哪怕不想与爱的人分手,也宛如犀牛的独角,只踏着孤单的步伐。
> ——《佛陀语录》

见最后一面的时候,我还是把无论怎样都说不出口的分手理由给说出来了。关于经过,其实师父您也未必想听。我非常感激您的体贴,虽然极力克制着自己的情绪,但最后还是没忍住哭了出来。

在我们两人前来拜访过师父以后,过了半年我就做了手术,就连我自己也没想到。我竟然患了子宫肌瘤,甚至严重到了不得不切除子宫的程度。迄今为止,我为他堕过两次胎。那时,理所当然地由他来医院给我当保证人。对于这次的这个大手术,我内心也极度恐惧,自然也希望他能够陪在我的身边。

然而在手术当天,他却以有无法推掉的工作要做为借口，中途就回去了。

大半夜的，他能有什么工作呢？

手术似乎比想象中还要严重，就连护士都对他撒手离开这种行为感到不可思议。

他果然是别人的丈夫。当时，我终于认清了这个血淋淋的现实。

出院没多久，我就提出了分手。他觉得这个分手提得有些唐突，便极力安抚着我的情绪，还一边说着难道这12年的感情真的说断就能断吗？我说我手术过后情绪是有些不稳定，希望留出3个月的时间，让彼此都考虑清楚。

3个月过后，我分手的意向更加坚定，于是我向他表达了我的想法。

分手的原因，并不仅仅因为他没有在医院陪我做手术，这只不过是一个导火索，引爆了12年来在我心里日积月累的某种心痛。

分手已经有一年半了，有时我也会孤单得发狂。然而，渐渐地，我已经习惯了这种感觉。我想，我要和这种孤独和平相处下去。

今天回去的时候，我在车里继续翻看师父送给我的这本书——《佛陀语录》。经文中有这么一章，叫《犀牛的角》。

和同伴在一起的话，休息也好，站立也好，走路也好，旅行也好，经常能被招呼同去。不愿与人为伍而致力于独立自由，就宛如犀牛的独角，只踏着孤单的步伐。

和同伴在一起的话，有游戏也有欢乐。而且对于儿女情长，也更是增进。哪怕不想与爱着的人分手，也宛如犀牛的独角，只踏着孤单的步伐。

师父，看来释尊也是个寂寞的存在。就像"宛如犀牛的独角，只踏着孤单的步伐"这个题目中所说的这样，我想我会尽可能地追求自由，与孤独并存。

再次表示感谢。

第 8 夜

朝气蓬勃地老去

不是不被需要，而是你弄丢了自己

　　迄今为止，自己究竟是为何而活、为谁而活呢？家里人都不再需要自己了，今后的自己又该抱有怎样的目标生活下去呢？

　　欢迎光临，啊，好漂亮的兰花。什么？这是您先生在自己家种的？您家先生真是好兴致啊。

　　请往这边来吧，咱们在暖炉跟前说说话。和我关系不错的常寂光寺的副住持也是个种兰花的名人。这个年轻人经常在品评会上拿大奖，和我孙子很像。

　　在喜欢种花的人眼里，世界上没有坏人。您是有什么不满吗？

　　请问您多大了？51岁，我就是在这个岁数出家的。我记得那是在我51岁时的11月份，多么的年轻啊！不过现在可以看到，日本的女人也相当的年轻化了。我在50岁的时候，以为自己已经看破红尘了，而现在每当看到你们这些50多岁的年轻人时，我都会为自己那么年轻就出家的行为吃一惊。

从四十七八岁到五十二三岁，这个年龄段是女人最感到吃力的时候吧？

40多岁的终结，表明了女人已过了娇嫩水灵的年纪，真教人焦虑和寂寞；步入了50岁的门槛，意味着女人的一切都在走下坡路……而且总体而言，女人的闭经期差不多也在这个时候，身心的平衡也容易被打破，甚至有些人还会处于更年期！

诚然，日本的确已经跃居为世界第一长寿的国家，特别是女性的平均寿命也已经达到了80岁。现在才50岁，往后还得熬30年。啊，想想就让人叹气。

以前，人的一生也就只有短短50年。而我最近常说，女人40一枝花。那50多岁是什么呢？人们问我。50多岁啊，我回答说，那正是劳动力旺盛的时候。

20多岁年轻幼稚；30多岁要养孩子，正是辛苦的时候；女人稍稍能松一口气的时候，就是在40多岁的时候了。所以40多岁的女人最有女人味，穿什么都好看，可不正像那盛开的鲜花吗？孩子们渐渐长大了，不用再手把手地照顾了，丈夫在社会上的地位也基本稳固，混得好的已经担任负责人了。这时候，经济上也有了一定余裕，便也有心情常去文化中心、体育中心、瑜伽馆等参加活动了。

最有钱的人，应该就是你们这个年纪的女性了。

在我办的一个和缀方[1]教室相似的私塾里，来得最多的就是这个年龄段的人。

通过她们写的作文，我感觉到这些50多岁的女性，虽然物质需求大致得到了满足，然而精神欲求的不满却比其他任何年龄段的人表现得都要强烈。

归根结底，她们之所以有挫败感，是因为迄今为止都一直在为家庭为丈夫为孩子而耗尽心力，可突然间却发现，孩子们已经完全拥有他们自己的世界，丈夫也已拥有他自己的成功事业，如今已不再需要妻子这个贤内助了。

孩子已经不愿意再对母亲说些悄悄话了，而公务缠

---

1. 缀方，作文的旧称。

第 8 夜　朝气蓬勃地老去

身的丈夫也变得总是那么忙，甚至连回家吃顿晚饭都成了奢望。

花费几个小时来准备晚餐，一家人围着餐桌边聊天边吃饭，欢声笑语在空气中弥漫开去……那种热闹的团聚场面，都跑到哪里去了呢？

"你想去哪儿就去哪儿，这不就行了吗？文化中心，有氧运动，用得着一个一个的跟我商量吗？真是无聊。你手里不是有钱吗？"

丈夫很不耐烦地说。不管去到哪里，随便和男人说说话，随便和谁一起去喝酒，怎么样都好。原本爱吃醋的丈夫到哪里去了？要知道，从前哪怕自己和附近洗衣店的男人说几句话，他也会疑神疑鬼地吃干醋呢。丈夫出钱让自己去玩儿，可自己无法理解他的这种态度，更高兴不起来，这样的自己还真是矫情。然而，这种空虚又是怎么样的呢？

迄今为止，自己究竟是为何而活、为谁而活呢？家里人都不再需要自己了，今后的自己又该抱有怎样的目标生活下去呢？

关于这个问题，我想和私塾的客人以及前来寂庵的50多岁的女性一起讨论一下。这里的每一个人，无不穿着昂贵的名牌服装，佩戴着高档的首饰。穿和服的朋友们，你们的装束看上去更豪华。美容护理也好，头发造型也好，都丝毫不含糊。除了结婚戒指以外，你们每个人的手指上都还戴有宝石戒指。

人们在得到了所有能够得到的东西之后，反而开始变得不幸福。那个也想要，这个也想要，接下来又是些别的东西。欲壑难填，那些得不到的东西总是排着队的在眼前晃来晃去。那个时候，人生的意义才显现出来了。

说自己不被任何人需要，便是投身到了恐怖的孤独之中了。

所有不堪的一切，到了50多岁的时候都能化身为欢乐；每一个家庭成员，都会用真心感谢自己的付出。难道这一切都只是自己以前做下的白日梦吗？

这就是50多岁的女人发现自己寂寞的原因。

用清醒的爱抵制趁虚而入的性

> 受一时诱惑而委身于情人，只有在和情人幽会的时候才宛若枯木逢春，那样的自己，想想都觉得可悲。能够用另一种眼光审视自己，这就是 50 多岁人的成熟。

为了排遣孤独，主妇们会冲动购物，也会在不知不觉间盼望着能够被别人邀请。因为用卡购物，所以有不少的主妇们都会一反常态地买回过多的物品，真是难以想象。

被证券公司的推销员煽动，不知不觉间就把股票出手了，那些好不容易攒下的私房钱，也随着经济的泡沫消弭殆尽了。

究其根源，还是因为没有为寂寞和空虚找到发泄的出口，所以才会做出那样的事情来。

这时，色事师[1]们也开始闪亮登场了。他们瞄准了那些又有钱又空虚的主妇们，瞅准机会趁虚而入，先是诱惑，后是威胁加安抚，有计划、有目的的从她们手中攫取更多的金钱。我见过很多这样五六十岁的女人，最后她们被逼得身败名裂，走上了悲惨的末路。

一般来说，即便到了晚年，性生活也是不可或缺的。现在的人们已经不像从前那样认为这是一件羞耻的事情了，关于这一点也可以坦诚面对。

早上10点走进百货大楼，在搭乘从地下升往楼上的电梯时，总能勾搭上两三个欲求不满的已婚妇女。这样的情节，我从有相关经验的男性口中听说过。

其中最容易搞定的，当属50多岁的已婚妇女了。

人们随随便便地就下定了这个结论，认为作为女人，她们的时代已经结束了。所以大多数50多岁的已婚妇女，和丈夫都没有了性生活。

繁忙的丈夫，对于丧失吸引力的老伴早已失去了同房的兴趣。日本的男人，压根就没有去履行义务、给妻子提供性生活的想法。

---

1. 色事师，淫棍、迷于女色的男人、善于勾搭女人的男人。

第8夜　朝气蓬勃地老去

然而到了最近，又出现了这样的现象。就是有很多40多岁、正年富力强的男性，或许是因为工作的忙碌而劳心伤神，渐渐的也开始对家庭性生活力不从心了。

这个问题真是十分严峻。究竟有多少妻子的丈夫出现性无能了？恐怕比想象中的还要多。

家里面刮着颓废而荒凉的风，外人自然无从知晓。看上去物质条件丰富的家庭，谁又能想象到里面居然是寒风习习、毫无生气的样子呢？风口上的只有主妇一人，怀抱着无处安放的孤独，蜷缩着蹲在那里。

和战前那些50多岁的主妇相比，现在这些50岁的主妇要更加的年轻化。随着电器产品的普及，她们从繁忙的家务事中解放出来，外出和聚会都自由多了。然而，她们心中的空虚和倦怠却如影随形，认为自己过得不幸的人也数不胜数，真是令人痛心。

受一时诱惑而委身于情人，只有在和情人幽会的时候才宛若枯木逢春，那样的自己，想想都觉得可怜。能够用另一种眼光审视自己，这就是50多岁人的成熟。

您说的不是自己的心里话吧。在我这里，来过很多像您这样的主妇，从她们的哭诉中，我大体上也知道些你们这类人的想法。

我只知道，就算是外遇，也逃不过孤独的现实。

空闺的孤独，从前的女人绝对不会说出口，外人也不会有所察觉。

能够把这种事情挂在嘴边上的女人，通常会被人们认定是些下流而缺乏教养的女性，从而被加以指责。

然而到了今天，女人们通常都能够若无其事的大声讨论性事。不管是什么发生了变化，战后最瞬息万变的变化，当属女人的性解放了。

女人们聚在一起若无其事的公然讨论性事，这种司空见惯的程度就如家常便饭一般。

"从明天开始，那个百货大楼的外国古董就要开始大甩卖了。"

就像说这话的语气一样，大大方方、若无其事。

怎么样？被我说中了吧？

对了，下个周五的晚上您还准备过来吗？那些经常过来玩的俱乐部里的人都会过来呢。到时候，我们会把杂志上描写的50多岁的女性的孤独收集起来，聊天漫谈。过来的那些人都是些无话不说的熟人，如果方便的话，请您也过来吧。

好了，回家的路上请注意安全。围巾很漂亮，和您很般配。祝您晚安！

不如任性过生活

> 不要对过去耿耿于怀,也不要为未来而担忧烦恼。所谓禅,就是将身心最好的状态调和在一起。

欢迎光临。外边天气这么冷还经常过来,里边请吧。看上去您比上次见面的时候要紧致一些了,是节食的成效吗?人们常说,上了年纪最可怕的事情就是会过度肥胖。上了年纪以后若是身体太瘦,看上去就会是一副贫穷寒酸样,就连自己心里也没底儿,所以就想长胖一点,但是长胖了可是一点好处都没有。您现在的胖瘦程度就是比较舒适的。

天台宗的住持山田惠谛大师,今年已经96岁了,可看上去却比所有的和尚都要身强体健、精力充沛。就算到了这个岁数,每年住持大师都会去国外或是在国内巡锡[1]，那股子精神气儿，就连年轻人都甘拜下风。"为什么您的身体会这么好呢？"我曾经问过住持大师有没有什么健康秘诀，她对我说："吃饭八分饱，再喝适量酒。""适量是什么概念呢？"我接着问道。"啊，哪怕知道它再美味，也只能喝一个回合。"住持大师是这么回答的。百药之长[2]，就要像服药一样来饮用。

"精神上，不要对过去耿耿于怀，也不要为未来而担忧烦恼。在此基础上，不断接近近期目标，创造未来。"住持大师如是说，"明天要做些什么呢？这就是对近期目标的打算吧。半年内去夏威夷布道，明年秋天去中国的天台山，这些就是所谓遥远的未来。"确实，抱着不健康不行的理念这么做的话，自然就会去努力了。更何况到了那个岁数，忘己利他是天台宗鼻祖传教大师的根本教义，宣扬的也是一种忘己利他的理念。一切为了他人的幸福，96 岁的住持大师就这样投身到了这种善行中去。和其他秘诀相比，这才是住持大师的终极健康秘诀吧？

---

1. 巡锡，指僧侣环游四方布道。
2. 百药之长，酒的美称。

第8夜 朝气蓬勃地老去

您才刚刚70岁吧？在住持大师看来，您还是个孩子辈的年轻人。永平寺前任馆长秦慧玉禅师曾告诉我说："所谓禅，就是将身心最好的状态调和在一起。"

都说僧侣长命，可现实中能跟您一样长寿的人已经很难得了，能活到80岁以上的更是凤毛麟角。而且，伟大的僧人未必就长寿。空海61岁圆寂[1]、最澄55岁圆寂、道元53岁圆寂，因而他们都不能算得上是长寿。然而试想一下，这种弘扬宗祖遗留下来的宗教事迹的伟大性，和人类生命、肉体的年龄好像也没有太大的关系。

毕竟，人类的生命不在于有多长，而在于如何才能更好地活着。您觉得呢？

西蒙娜·德·波伏娃[2]写过一本书，书名是《衰老》。关于衰老这个概念，她从生物学、历史、哲学、社会种种角度做了全方面、深层次的考察分析，并写出了《第二性》这本和《衰老》堪称是双璧的名著。

---

1. 圆寂，指高僧仙逝。
2. 西蒙娜·德·波伏娃，又译作西蒙·波娃，法国著名存在主义作家，女权运动的创始人之一，让·保罗·萨特的终身伴侣，20世纪法国最有影响力的女性之一。毕业于巴黎高等师范学院，1929年通过考试，和萨特同时获得哲学教师资格，并从此成为萨特的从未履行结婚手续的事实上的终身伴侣。

这本从正面直击衰老的名著，出版时她已经62岁了。在创作这本集大成之作以前，她曾耗费了两三年的时间来准备相关的工作。意识到自己也会在不知不觉中衰老，因而她才写下了这部著作。

在这部书中，将65岁以上的人定义为老人。

释迦牟尼世尊年轻的时候，曾在城外的路边亲眼目睹老人的情形，这便成为了将他引入佛门的钥匙。2500多年的岁月就这样悄无声息地流逝了，可即便到了今天，人们也还是无法抵御衰老的侵袭，对于衰老的恐惧，也一直绵延至今。

释尊将衰老看作是人生在世不得不受的四苦中的一苦。只要活着，我们就不得不走向衰老，这是人生的必经之路。在意识到这点之后，就本能地去正视衰老。

这是因为在人们的固定观念里，认为衰老是丑陋的事情、不愉快的事情、肮脏的事情、寂寞的事情、和死亡息息相关的事情，这种想法占据了他们的头脑，久久不能散去。

走在大马路上，如果看见有暴尸街头的动物，我们会条件反射般地将视线移开。同样，在我们意识到不祥的事情可能会发生时，也会本能地把它排除在外，或者干脆逃走。

然而，不管我们如何逃，衰老和死亡还是会在我们身后穷追不舍，紧紧地从背后抱住我们不撒手。

巡礼[1]的斗笠上总是写着"同行二人"这四个字。这种情况下，其中的一个人就是指代佛祖了。然而，我们的衰老和死亡，就好比是这个世界上夫妻伴侣的别离，的确是一心同体[2]、同行二人这种想分也分不开的旅伴关系。

---

1. 巡礼，指宗教徒参拜庙宇或圣地。
2. 一心同体，指思想统一，信念一致。

不服老，就可以一直年轻

> 尽可能地将自己的目光从趋于衰老的现象中转移，长此以往，就会产生一种错觉，认为自己永远年轻。

虽然您看上去依然是那么的年轻，可实际上也和我一般岁数了，也是个到了古稀之年的老人了。

我的户口年龄已满69岁，算起来也70岁了（当时是1991年）。对于这件事情，我自己是无论如何都无法接受。自打我剃度以后，白发也好脱发也罢，就都看不明显了。越剃越长的头发，只在18年前的剃度时期才呈现出如此强烈的生长态势。

现在，我的工作日程中已经排满了乱七八糟的工作，空中飞人似的乘着飞机到处飞来飞去。正因如此，我可能都不会生病了。然而，我毕竟已经在这个世界上活了70年，这是个不争的事实。在这70年里的漫长岁月里，我的身体也的确一直在超负荷运转。虽然肉眼看不见，但我的内脏肯定也是这里那里到处是损伤，这也是理所当然的事情。

如果在某天的一个清晨，我因为突患筋疲力尽综合征[1]而倒地不起，恐怕谁都会觉得不可思议吧。

总的来说，我就是太忙了，对于自己皮肤的衰老、皱纹之类呈现出老人特性的东西，压根就没有时间好好检查。也只有在洗脸和洗澡的时候，我才会看看镜子里的自己。不过那时的我已经把眼镜摘了，所以看东西也模模糊糊，根本就看不见什么色斑和皱纹。更何况每当洗完澡的时候，镜子上也是热气氤氲的，所以出现在镜子中的肯定就是一个绝世美人儿了。

尽可能地将自己的目光从趋于衰老的现象中转移，长此以往，就会产生一种错觉，认为自己永远年轻。我觉得，相对于恋爱的结晶作用，衰老的结晶作用更加容易。

---

1. 筋疲力尽综合征，指一直拼命工作、感到生活非常充实的人，突然丧失积极性，看不到活着的意义，呈现神经性症状和忧郁症等。

然而，我也偶尔会直面自己衰老的现实。为什么会这样呢？因为被称为老人的我，却无论如何都无法理解自称为"非老人"人群。他们来到这里，向我倾诉自己衰老的烦恼。

对于那些已经变老的人们，只有在他们承认自己是个老人的那一刻之后，我才会和他们交流谈话。是呀，我还是这么精神，所以果然还不能算是个老人吧？说完，他们就起身回家了。随后，我才自言自语道："但是我们显然已经是老年人了呀。可是，我们为什么就会变成了老年人呢？"我还年轻着呢！你看，我可精神了。然后，在人前像稻草人似的金鸡独立了好几分钟，在背后合掌给别人看，想以此证明自己依然年轻。可是，这又能怎样呢？再怎么说也是70多岁的人了，的的确确是个老人无疑了。

老去时需要的是关怀和体谅，
而不是同情

> 肉体年年老去，内心却可以是十六七岁的样子。老人的悲剧、烦恼的原因，就在于肉体和精神的不平衡。

前几天，在报纸的投稿栏里，刊登了一位68岁主妇的投稿。

题目是《不要轻易喊人大妈》。

在一个下着倾盆大雨的日子里，她抱着一个硕大的黑色纸包，站在公交车的站点上。

这时，从背后传来了一个声音：

"大妈，这附近有个大书店！"

回头一看，原来站在背后的是个看上去快有60岁的男人。就这么个老男人了，居然还敢管她叫大妈！她听了很生气，却装作什么都不知道的样子做出一个笑脸，

回答说:

"这样啊,对面的百货商店边上也有一个呢。"其实,透过雨帘,她马上就看见了他所说的那个对面的书店。

隔着公交车的窗户玻璃,她看着那个冒雨朝百货商店方向走去的男人,雨中的他很是狼狈。她心里有些幸灾乐祸地想,活该他不会说话。

"虽然已经漂漂亮亮地活到了这个岁数,但还是不希望被人称作'大妈''大爷'之类的吧。"她是这样总结的。

说起来也奇怪,总觉得有些好笑。她觉得刚才的那个男人得有小 60 岁了,当然,也可能出乎意料的还不到 50 岁,这点就不得而知了。像他这种人,大概单单是看见"老太婆"这样的字眼,就会产生不愉快的心情,就仿佛想要把那位女性像丢垃圾一样丢掉似的。他应该就是那种患有"老太婆"敏感症的人吧。能够如此看待自己这种天性的,也就是知识分子吧。那个人称呼别人时都过于偏执,还能有什么其他可爱的地方?

然而,这篇投稿引来了巨大的反响。一个 21 岁的女学生气愤地投稿说:"这个婆婆心眼儿可真坏!"在她看来，那个在冒雨步行的男人才真是值得同情。

"要让一个中年男性管一个68岁的女性叫'太太',确实有些强人所难。要是称呼您为'曾经的小姐',您会满意吗?依我看,在巴桑的前边加上一个'欧'[1],已经是很有礼貌的叫法了。"

这篇文章的题目就是《真是坏心眼啊》。看到这篇文章以后,我也忍俊不禁了。我想说,这个21岁的小姑娘真是太年轻了。21岁的她,是想象不到自己将近70岁时候的样子的。她无法理解那个"坏心眼的婆婆"的"幽默"的。

那个跑到书店里躲雨的男人,当然叫我"太太"就好了。如果是法国人的话,估计郑重地叫声"女士"来打招呼吧。不管是什么时候,叫声"太太"大抵都是可以的。打个比方,不管对方是个寡妇还是从没结过婚的女性,这么称呼都没有什么问题。大致上,日本人喜欢对对方采用模棱两可的称呼,这是一种迂回的礼貌。就

---

[1] 欧巴桑,意为大妈、老奶奶、年迈的女人。原本是中性词,但是因为当代年轻女性忌讳被人说自己老,所以这个词在特定场合或多或少有一些贬义。

算不使用第三人称，也能够好好地交流对话。

"不好意思，我想请问一下……"已经可以将自己的意思充分地传达给对方了。因为在那里再没有第三者了。恐怕听到那些话，那位男性就完全不好意思了吧？他能打算在书店里买什么书呢？

当然，那些能够明白我想表达的意思、扑哧笑出声的人，也会有一些去给报纸投稿，"就是就是，好样的"地表明支持的态度。

场景还是在公交站。站在那儿的是一个71岁的男性，他被那个和妈妈一起等公交的两岁左右的女孩子叫了一声"大爷"。那个孩子的年轻母亲，一边面带微笑一边教育她说："哎呀，叫大爷可是很没礼貌的。"

"在那个小孩子看来，我肯定就是个不折不扣的老爷爷了。虽然不得不承认这一点，但是能够得到年轻母亲的关爱和体谅，我心里感觉很温暖。"有人这么写道。

最后的一篇文章，是一位69岁的知识分子关于《承认衰老吧》的投稿。人一旦过了70岁，肉体上自然而然的就开始发生老化现象，这种现象也体现在了姿态的方方面面。但是只要心情没有发生变化，在他人眼中也就注意不到自己的衰老。也有人说，要客观一点，接受来自他人的坦率目光，从而持有更为宽广的视野。

这种说法也没有什么不当。不过客观地来说，上了年纪以后看上去比实际年龄年轻的老人也在不断地增多，这是个不争的事实。这位服装设计师和我同岁，今年69岁了。可她现在依然顶着在职的头衔，积极投入在紧张的工作之中，这就是职业女性的先驱者吧？或许这就是她这样的人对自己的能力自信的佐证，不管被人怎么称呼，都不会太放在心上的。又或许因为她看上去那么年轻，也时常因为高超的抽褶缝纫技术而广受赞誉，人们根本就不会当面管她叫大妈呢。

那封呼吁人们不要管人家叫大妈的投稿的关键点，就是肉体的衰老和精神的年轻不一致的。

肉体年年老去，内心却可以永远是十六七岁的样子。老人的悲剧、烦恼的原因，就在于肉体和精神的不平衡。

爱在风烛残年时

> 一切的一切都会化作乡愁,感动也就变得更深刻、更广泛。这种感动成为一种向往,越接近,越想要触碰,越想把它据为己有。恋爱便由此产生。

人的心灵,直到死亡的那一刻都一直充满孤寂,因而才会无止境地追寻爱情。可肉体却告诉我们,这简直就是天方夜谭。

我们为美丽的事物而感动,为年轻而感动,为燃烧的激情和权力而感动,为他人的魅力而感动。这种心灵的润泽,不管是十六七岁还是八九十岁的时候都没有什么不同。当意识到这些东西全都会离自己而去时,我们已白发苍苍。这一切的一切都会化作乡愁,感动也就变得更深刻、更广泛。这种感动成为一种向往,越接近,越想要触碰,越想把它据为己有。因此,恋爱便自然而然地产生了。

第 8 夜　朝气蓬勃地老去

老年人往往和恋爱之类的感动无缘了，毕竟伴随着身体和心灵的枯萎，这也在情理之中。可是也并不尽然。

大冈越前守[1]的母亲直到死亡的那一刻都还有性欲，火盆里的灰扭动的动作就是个明证，这个故事也广为流传。人，至死都有恋慕之心。肉欲并不依附于肉体，因此老人的恋意无法斩断。

荒畑寒村氏[2] 93 岁去世，在他 90 岁的时候依然陷入了和 40 岁女性的恋情之中。当然，他的肉体早就丧失了男性的功能。

"我呀，就是根严寒枯木。"他经常强调自己已经衰老的事实，这都成了他的口头禅了。可即便是严寒枯木的肉体，也还是春心荡漾呢。寒村先生每天都会用稿纸给那位女性写情书，而且每天都能写 20 封之多。

而且，他 90 岁了还能登上憧憬已久的阿尔卑斯山，

---

1. 大冈越前守（1677—1751），名忠相。受第八代将军德川吉宗的重用，被提拔为江户町奉行。以审判公正而闻名，后被列为大名，著有《大纲忠相日记》。
2. 荒畑寒村（1887—1981），日本评论家、社会活动家、众议院议员、无党派人士。主要翻译作品有摩尔根的《古代社会》，著作有《日本社会主义运动史》《工会运动史》。

这不也是他活力复苏的佐证吗？而这，仅仅是因为想和那位女性同去。周围的人都觉得他这把岁数还去爬阿尔卑斯山简直是胡来，拼命阻止他去，可他就是不听，铁了心地要去，我们这些反对者也只好作罢了。

然而，那位女性有她自己的恋人，最终这段感情还是以单相思告终。

旅行出发时，他还和那位女性在一起，中途的时候，那位女性自己回来了。

对于寒村老先生的热情，我那个时候靠近了看看，竟全然没有老丑的感觉。

多么一心一意又纯粹的黄昏恋啊，我只觉得深受感动。

90岁的寒村先生，虽然已经到了快要作古的年纪，但依然精力充沛、时尚高雅。这位老人，从年轻的时候就开始同大衫荣们一道反对国家权力。在当时的那个年代，社会主义还是不合法的，因此他为了坚持主义，曾数次被监禁。我倒是没觉得他是个革命家，在我眼里，他就是个高雅的老绅士。

寒村老先生在我写的文章里，如果看到"老先生"

这种带有老头子意味的字眼,肯定会气不打一处来。他的脾气像是年轻人,心境也很是时髦爱美。

出发去阿尔卑斯山的前一天,他流着眼泪对我说出了心里话:

"这段恋情虽然无法与肉欲相伴相生,但多少也算得到些许安慰。可是,也正因如此,我的嫉妒却多达5倍。"

我还从未见过这样美丽的老人的眼泪。

90岁了,却依然还能保留着如此未经世俗浸染的恋慕之心,我只想说人类万岁。

我曾写过一本名为《遥远的声音》的小说,书里描写的是先生第一任妻子——管野须贺子的生平。明治43年,她因大逆事件[1]和幸德秋水等人被一并送上了断头台,结束了露水般短暂的一生。作为日本的女革命家,她是被处死的第一人。

多亏写作这本书的工作,我有幸结识了寒村先生,

---

1. 日本"大逆事件"又称"幸德事件"。1910年5月下旬,日本长野县明科锯木厂的一工人携带炸弹到厂,被查出。反动政府即以此为借口镇压日本的社会主义运动。同年6月,当局开始对全国的社会主义者进行大肆逮捕,并封闭了所有的工会,禁止出版一切进步书刊。

在他过世以前，我们都一直保持着非常紧密的联系。即便是现在，我依然觉得和寒村老先生的这份交往和情谊是自己人生中莫大的荣幸。

直到现在，先生的音容笑貌依然时常会浮现在我的脑海中。没有肉欲相伴，嫉妒有5倍。先生落泪时的表情是那么的哀怨和美丽，我时常会想起他这个复杂的情感表达。

如果能有这般美好的晚年，就算是活到90岁甚至是100岁，人们也会对余生充满期冀吧！

在寒村先生去世前夕，他还一直在创作《平民社时代》这本书。去世之前，他还在念叨着：

"快点好起来出院吧，《平民社时代》还没写完呢，不写不行呢。"

同样是这个时候，身为退休男性，突然间就被一种空虚感袭击，继而失去了生存的目的、迷失了前进的方向，就像是大包垃圾一样粘着妻子不放，又仿佛不肯落地的湿漉漉的落叶。每当外出时，接连开口说"我老人家也……"的老年男性总会被那些妇女们嘲笑。听闻这种事情之后，寒村先生说：

"散漫的家伙们，你们还算得上男人吗？"

他那带着江户口音的连珠炮似的清晰说话声，至今依然回响在我的耳畔。

衰老也可以如此美丽

> 凝视着每天都在老去的自己,怎样度过晚年才能不给别人添麻烦呢?该怎么活才好呢?

我和寒村先生几乎是同一个年代的人,但我的人生却和寒村先生的完全不同,可以说是两个极端。这么说起来,晚年的我还是和活到94岁的小说家里见弴[1]先生十分亲近。

按辈分来说,弴先生是有岛武郎和有岛生马的弟弟。

---

1. 里见弴,日本小说家。东京帝国大学肄业。在兄长有岛武郎、有岛生马的影响下,于1910年参加创办《白桦》杂志,创作和翻译小说、诗歌。后脱离白桦派,参加创办《人间》杂志。1916年出版短篇小说集《善心恶心》。1922年后发表长篇小说《多情佛心》《安城家的兄弟》,多描写艺伎生活。作品着重心理描写和人物对话,讲究艺术技巧。主要小说还有《精彩的丑闻》《羽左卫门的传说》《恋慕心》《极乐蜻蜓》等。

有岛家属于上流社会,兄弟几个全都在学习院[1]接受教育。作为白桦派[2]的文学家,他在90多岁的时候依然孜孜不倦地进行着小说创作活动。

他虽然身材矮小,不过贵在体型匀称、行动麻利,如此身轻如燕,看上去一点儿都不像个老人。有岛家的人个个都生得很美,谆先生也是个不折不扣的美男子。不管什么时候见到他,他的皮肤总是光彩照人,就连一点皱纹或斑点都没有。只不过他头发稍微稀疏了些,但也用枟目梳梳得整整齐齐。就在现在,他给人的感觉就像刚刚洗完澡那么的清爽。像他这么干净美丽又有魅力的老人,自他以后我再没有见过第二个。

他的时尚指数也十分可观。从他的孩提时代开始,就经济宽裕,深受上天的眷顾,一点儿都不愁没钱花,

---

1. 学习院,日本宫内省直辖的皇族、华族子女接受教育的学校。1877年在东京创立。战后改为私立学校。
2. 白桦派,1916年至1917年间存在的日本文坛上的一个极其重要的流派。白桦派的创作主题是反对战争、反对压迫、追求和平、反对旧道德对自我的束缚、同情弱小者、表现强烈的自我意识,这一主题是与第一次世界大战前后活跃的民主主义社会思潮紧密联系的,代表作家有武者小路实笃、有岛武郎、志贺直哉等。

生活时时刻刻都保持着上流社会人士的水准。在他还是个小孩子的时候，拥有的就是些最好的东西了。可就算到了90岁，他所拥有的也还尽是些最好的东西，而他却丝毫不以为意，就仿佛那些只不过是些极为普通的东西一样。

他晚年生涯的最后日子里，一度因为脑溢血而病倒在床。恢复了健康以后，他就不方便再穿足袋[1]了，取而代之的是瘦腿裙裤[2]和布鞋。就像中国的鞋子那样，是私人定制的。他身穿瘦腿裙裤、拄着西式拐杖的样子依然是说不出的潇洒和富有雅趣，我能够感受得到。

年轻时的弴先生曾在花街柳巷里放浪形骸，而他整个人又呈现出一种洒脱风流的气韵。

从弴先生的身上，我确实受益良多。

在我还未削发为尼时，我们就已经开始有了往来；遁入佛门后，我们的关系就更加轻松随意了。我想，这大概是因为只有在那里，我们两个人都离死亡那么近，而僧人

---

1. 足袋，日本式短布袜。大拇趾分开。着和服时，为防寒或出于礼貌而穿用。袜子正面为棉布、缎子、真丝斜纹绸等。
2. 瘦腿裙裤，劳动时穿的束腿长裤的一种。用带子扎上膝部，下部做成收腿式。相扑运动员等穿用。

打扮的我能够让他感到更加的依恋和安心。难道不是吗？

然而，我们两个人都是无神论者。身为社会主义者的寒村先生，自然是以唯物史观的思想为后盾。因此，毫无疑问，他应该就是个无神论者了。

彁先生从骨子里就完全是个自由主义者吧？关于先生的信仰之类，我一次都没有向寒村先生询问过。

因为就算不问，我也知道答案。

《新潮》上曾刊登过采访彁先生的报道，上面记载了长达4个多小时的采访对话。当时，先生马上就要到90岁了，不管是《新潮》还是我，都想要听听先生的"一切"，这点无可否认。对于我们的意图，先生也十分明了，因此爽快地接受了我的采访。

以下是我们当时的对话。

"先生相信来世吗？"

"不相信。"

"那么神和佛呢？"

"不相信。"

"死了的话会怎样呢？"

"死了就没有了。没有了。"

"那么，如果您去世了，有没有考虑过会与阿良女士

（其深爱的情人）在那个世界重逢？"

"没有呢。"

先生的回答十分果断，表情也是严肃紧绷的。他就这样凝视着我，用独特的措辞、和蔼的语气和我对话。现在想来，这一切的一切就仿佛是昨天发生的那般，历历在目。

尽管如此，相比于我带发的身姿，他们似乎都更加喜欢化身为尼的我，不管怎样我都能感受得到。生前在我面前听我讲经，逝后我为他们念佛超度，这完全是个偶然的一致。

"等我死了以后，你就把你的经书烧给我吧！"

寒村先生曾面带羞色地对我说。在他的火葬炉前，我趁寒村先生尚未化为骨灰，一个人诵起了《阿弥陀经》。

弸先生也对我说：

"等到我的葬礼时，师父您可一定要在场啊！让我享受和他一样的待遇就行。"

弸先生逝世时，棺材盖上铺了层白布，上面摆着他生前最喜欢的古九谷¹的酒壶和酒杯。在他的棺木前,我奉上了他所期冀的《阿弥陀经》。

每当想起他们两个人的事情,我就会思潮起伏。哎呀,您也喜欢弴先生写的《椿》这个短篇吗?您也读过《寒村自传》吗?那是自传中最出色的章节呢。好开心啊。不过我依然认为明治时期出生的男人虽然顽固了点,但还是优秀的人多。

寒村先生可是十分的容易寂寞,所以才会三度结婚吧。他的那三任妻子都是先他而去,这该有多么的寂寞啊!可是,他直至生命的最后都在忍耐着这点,将自己投身到了工作之中。

弴先生也是,相亲相爱的阿良女士先他而去,我想他也一定很寂寞吧。而且,活的时间越久,便有更多的亲朋好友会先行逝去,那样的寂寞该是多么的难熬。

面对周围人的细致关心,他们两位都绝不会露出寂寞的表情让别人察觉。

关于社会上那些说老人又脏又麻烦之类的议论,我

---

1. 古九谷,又名九谷烧,日本彩绘瓷器的一种。

觉得是不负责任的说法。我只想说，请适可而止吧！

凝视着每天都在老去的自己，怎样度过晚年才能不给别人添麻烦呢？该怎么生活才好呢？65岁以后，人们往往为此烦恼不已。

不管老成什么样子，自己都不去承认。可即便如此，衰老还是和死亡一样，同为人类无法逃避的命运。因此，事到如今就不要再战战兢兢的不服老了。接受这个命运，难道不是一个明智之举吗？不过在那之前，我觉得十分有必要看得更加明白一些。晚年就是和衰老作战，能够更加清醒地去认识敌人比什么都重要，这也是十分必要的。

今晚又到了该说再见的时候了吧？那么，我们下次再聊。祝您晚安。

第 9 夜

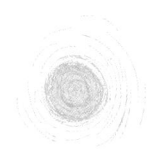

愿你此生尽兴

不管怎么争吵,最后还是要在一起

> 托尔斯泰在晚年的时候,和妻子索菲亚的关系是出了名的恶劣。虽然夫妇二人经常吵得不可开交,但在托尔斯泰70岁生日的时候还是和索菲亚睡在了一起。

欢迎光临。今天,我们就接着昨晚的话题,进一步讨论一下彼此所共同面对的衰老吧。

昨天晚上,在您回家之后,我又重读了波伏娃的《衰老》和《告别仪式》。今天我也会继续读下去。

是以前读的时候忽略了,还是时间太长忘记了?此次重读,我发现了一个很有意思的地方。或许是因为曾和弴先生以及寒村先生聊起过,所以才会注意到这页的内容。

"托尔斯泰在晚年的时候,和妻子索菲亚的关系是出了名的恶劣。虽然夫妇二人经常吵得不可开交,但在托尔斯泰 70 岁生日的时候还是和索菲亚睡在了一起。"波伏娃在书中这么写道。

晚年的托尔斯泰[1]致力于从宗教中寻求灵魂的救赎。他否定私有财产，否定肉欲，从创作《克莱采奏鸣曲》的时候起，和索菲亚的关系就开始紧张了。托尔斯泰这种思想上的变化，就一个作家而言，说不上是进步还是退步，可对索菲亚来说，看到的就只有背叛了。在誊写整理丈夫小说的手稿时，索菲亚很是骄傲，也为文豪丈夫的名声而感到荣耀。如果丈夫想要放弃写小说，她是无论如何都不会投赞成票的。

从这个时候开始，索菲亚的歇斯底里症就愈发严重了起来。

在外人看来，托尔斯泰在 62 岁时开始产生的变化以及索菲亚 50 岁左右开始的歇斯底里，或许是老化现象的一种。这种观点也是成立的。不管怎么说，托尔斯泰一

---

1. 列夫·尼古拉耶维奇·托尔斯泰，是 19 世纪末 20 世纪初俄国最伟大的文学家，也是世界文学史上最杰出的作家之一，他的文学作品在世界文学中占有十分重要的地位。在群星璀璨的俄罗斯文学的黄金时代，有两位是最为代表性的"双星"，正如有人所说"陀思妥耶夫斯基代表了俄罗斯文学的深度，托尔斯泰代表了俄罗斯文学的广度"。

直想要逃离歇斯底里的妻子，随时都在做着离家出走的打算。终于，他下定决心带着女儿亚历山大与医生一起踏上了离家出走的旅途。在那个流浪的旅途中，作家病倒了，寒冷的天气使他不停地咳嗽，并开始发高烧。他们在阿斯塔波瓦车站下了车，7天后他就病逝在这个荒凉的小站里了。1910年11月20日，享年82岁。作为一代大文豪，他的死亡充满了悲剧色彩。

我终会忘了你的模样，
但会铭刻下对你的爱

> 衰老，并不是一件可耻或是屈辱的事情，
> 我们应该谦卑地接受它。

即使年轻时蜚声文坛，萨特的最后那几年也没能逃脱悲惨的命运。

在《告别仪式》这本书里，波伏娃记录了萨特在生命中最后几年的生活直至死亡。1971年，萨特66岁。那年他初次病发，落下了嘴歪唇斜的病根。从那之后，他就经常生病。到了1980年，74岁的萨特临终之前，就已经显露出了被衰老渐渐侵蚀的样子。波伏娃用冷静的目光注视着他，客观地记录下了这一切。

餐厅里，萨特曾因小便失禁而弄湿了裤子；波伏娃的房间里，萨特也曾有过因为小便失禁而弄脏了扶手椅的经历。这之类的种种，仅是读起来就让人不禁心里一颤。

作为世界上的知性代表，萨特同波伏娃有过一段幸福时光。在他们身体还算健康的时候，曾应邀造访过日本。那是1966年的事情了，招待方是庆应大学和人文书院。

当时，萨特61岁，波伏娃58岁。我曾前去聆听过萨特的演讲，也被他那富于魅力的讲演而深深感染。

美丽的波伏娃也在女性文学者协会举办了座谈会，会上，她发表了亲切的谈话。在我看来，波伏娃的确是个不折不扣的美人，她那超乎寻常的理智无疑也证明了她的优秀。然而，我并不认为她是一个值得思慕的人。

相对于文学，大家提问更多的却是关于日本公共汽车管控现状这样的问题。在法国，堕胎是重罪，据说她当时正在为保护妇女不生育的权力而付出努力。

那时候的他们，确实是一对富有魅力的情侣。他们彼此深爱，却没有走入婚姻的殿堂，他们彼此可以做到互告新欢，但又执着于旧爱才是最美，相互之间甚至还允许存在某种危险的性自由。可即便如此，他们也绝对无法做到彼此分开。作为理想之爱的新姿态，在年轻人或是拥有共同事业目标的情侣看来，他们的这种关系堪称楷模。

作为那个世界的思想领袖，作为以存在主义和自我约束为文学运动核心的智慧人士，作为果断拒绝诺贝尔奖的老人，然而，萨特依然没能战胜衰老那日积月累的侵蚀。他饱受了绝大多数老年病的折磨，岁月的痕迹带给了他日趋丑陋的外表。萨特的晚年，就是以这样一副令人难以忍受的样子而存在。

萨特自己没有觉察到他的小便失禁，波伏娃感到非常担心，便说：

"你好像尿失禁了。就连医生也不得不这么对你说。"

"嗯，已经对我说过了。很久以前就这样了。那些细胞似乎都没用了。"

萨特是这么回答的。这让波伏娃大吃一惊的事情，不由得吸引了我的眼球。

"都变成那样了，难道还不能够让你担心吗？"她如此询问道。而他只是微微一笑，回答说：

"上了年纪以后，人就会变得谦逊。"

波伏娃在她的书中这样写道：

他的那种毫不刻意的朴实回答，迄今为止我还是头一次见到。我为他的那种谦逊而感动。与此同时,他也丧失了原来的攻击性,我为他的放弃而感到心痛。

诚然,为了迎接不知何时会来造访的衰老,我们必须承认自己绝不是什么特别之人。不管是谁都无法逃过衰老留下的印记,对于芸芸众生来说,这是众生平等的体现。衰老,并不是一件可耻或是屈辱的事情,我们应该谦卑地接受它。这是萨特教会我们的事。

如果您有信仰,那么面对神佛,如是就好了:

"我等心悦诚服。只是如果可能的话,愿神佛保佑我不会过分痴呆。"因为萨特和波伏娃都是无神论者,所以他们的谦虚是训练自己的意志和心灵。人,一旦变得谦逊了,应该就会顺从命运的安排了。

当"痴呆的翅膀"掠过萨特[1]时,他已经开始时常表现出老年痴呆症的症状了。在这个时候,波伏娃也将它

---

1. 让·保罗·萨特(1905—1980)法国20世纪最重要的哲学家之一,法国存在主义的主要代表人物,西方社会主义最积极的鼓吹者之一,一生中拒绝接受任何奖项,包括1964年的诺贝尔文学奖。在战后的历次斗争中都站在正义的一边,对各种被剥夺权利者表示同情,反对冷战。他也是优秀的文学家、戏剧家、评论家和社会活动家。

记录了下来。

读到这里的时候，我的心扑通扑通直跳，痛感也伴随而来。然而，真的就只能那样了吗？就因为痴呆，一向聪明的萨特居然就连在眼前照顾他的女人是谁都记不起来了，而且还开始嗜睡，眼睛也几乎看不见了。

此后，在萨特临终之前，他做出了一件更为恐怖并直接导致他失败的事。

萨特的一段对话被发表了出来。而这段对话，完全颠覆了他此前的思想及意见。对话者趁虚而入，顺着他的言论大加渲染，萨特遭到了许多负面的评价。就连波伏娃也对这段对话提出了谴责。萨特原本要对这个事件做出回应了，可惜他还是先一步驾鹤西去了。

6年之后，波伏娃也追随萨特去了另一个世界。大约在萨特去世后的第三年，像是回应萨特的死亡，波伏娃完全变成了一个病人。

波伏娃也丧失了昔日里朝气蓬勃的活力。不过，她好像没有痴呆。

就连萨特都痴呆了。深夜里，我独自一人反复地阅读着这一页。

在失去爱侣萨特之后,波伏娃陷入了孤独之中。她那哀叹的样子,着实让我心疼。

她是在 1986 年的 4 月 14 日去世的。我记得当时听闻这个报道时,自己还感慨到一个时代结束了。她去世时,享年 78 岁。我当时还心想,要是他们两个人都能再多活 10 年就好了。

不过,若是痴呆的萨特再多活 10 年的话,我估计他的日子会更加的痛苦。

我深知,面对衰老和死亡,人类的力量是多么的有限啊。

即便波伏娃使尽浑身的力气、洋洋洒洒写了上下两册有关衰老的《衰老》,可还是无法欣然迎接衰老的到来。

虽说如此,可就像是为了等待一个不知何时才会到来的客人,又能做出怎样的准备呢?

终有一天,衰老一定会降临到我们身上。到了那时,无论我们的脸颊会老成一副什么模样,只求那时的我们不会狼狈。

我也好,您也好,已经在迎接衰老这个客人的到来了。然而庆幸的是,光顾我们的这位衰老客人依然温和仁厚、客气拘谨，并没有给我们带来危害。可是我们不要忘了，它可是个任性无常的客人，所以我们也并不知道它何时会发脾气，还是尽量多留心一些吧。

况且，这个客人可是个一旦降临就绝不会离开的厚颜无耻的家伙，还是不要愚蠢地想要撵它回去为妙，那只会刺激到它。既然无法撵它离开，那就想个法子和它和平共处吧。

当您开始去想自己已经老了的时候，衰老就开始发挥作用了。这是我一贯的主张。而意识到自己已经开始衰老却没有感到寂寞的人，大抵是不存在的。

在所有的孤独之中，年老的孤独感是最剧烈而骇人的。

优雅地老去

> 说到逃避衰老的方法,那就只有一个——早逝。就算不是早逝,人们只有通过死亡这一条途径,才能从衰老的侵蚀中解脱出来。

一说起《蒂芙尼的早餐》这个话题,马上浮现在脑海的就是奥黛丽·赫本主演的那部美国电影吧。那部电影是根据杜鲁门·卡波特[1]的同名小说改编而成的。伴随着主题曲《月亮河》的旋律,这部电影取得了空前的成功,堪称是名噪一时的佳作。当时的赫本依然是年轻美

---

1. 杜鲁门·贾西亚·卡波特(1924年9月30日—1984年8月25日),本名杜鲁门·史崔克福斯·珀森斯,美国作家,著有多部经典文学作品,包括中篇小说《蒂芙尼的早餐》(1958年)与《冷血》(1965年)。曾两次获得欧·亨利短篇小说奖。

丽，她在影片中的衣着打扮吸引了所有观众的眼球。

凭着《可怕的小孩》，鬼才杜鲁门·卡波特在文坛华丽出道。他于1924年9月30日在美国南部的新奥尔良出生，1984年8月25日逝世。他的尸体在朋友家里被发现，引发了外界的种种猜测，被认定为是事故死亡。

在杜鲁门·卡波特60年的一生中，虽然只留下了为数不多的作品，但自从他在19岁时发表了欧·亨利短篇小说奖获奖作品《米利亚姆》之后，便精力充沛地忙于工作、制造话题，也因此而世界闻名。他终生独身，虽然他身材矮小、也称不上是美男，却多有花边新闻，调情对象多为上流社会的女性。肯尼迪的寡妇杰奎琳·肯尼迪，肯尼迪的妹妹——李·拉齐维尔公爵夫人，CBS的会长——威廉姆·贝利夫人，都曾一度成为他风流韵事中的女主人公。在他创作世界性销售冠军的《冷血》一书时，在取材上也曾获得了女作家哈珀·李[1]的协助和支持。而她，也是他的恋人。

1.哈珀·李，1926年出生于美国南方阿拉巴马州的一个小镇。1960年发表她一生中唯一的长篇小说《杀死一只知更鸟》，这令她获得巨大的声誉，这部小说获得当年的普利策小说奖，至今已经被翻译成40多种语言，全球销量超过3000万册。

对于卡波特来说,《米利亚姆》可以算是他的处女作。可为什么外界传言,晚年的卡波特对自己的这部作品深感厌恶呢?

故事是这样的。

H.T. 米勒太太住在东河附近的一座公寓里。她一个人住一套舒服的房间——两间屋带个小厨房,已经有好几年了。作为一个寡妇,她的丈夫 H.T. 米勒先生给她留了一笔数量可观的保险金。

她没什么朋友,也不大出去买东西,就连公寓里的其他住户也几乎忘了还有这么一个人存在。

她穿着普普通通的衣服,留着铁灰色的短发,只是马马虎虎地烫了个头发而已。她从不化妆,长得也极其一般,丝毫都不引人注目。米勒太太已经61岁了,可是让10个人来看,就会有10个人觉得她比实际年龄还要显老。她几乎对任何事情都已经丧失了积极的兴趣。

无论什么时候,她都会把两间屋子收拾得一尘不染,偶尔抽根香烟,自己做饭,还养了一只金丝雀。

有一天,她遇见了米利亚姆,那是个飘着雪花的夜晚。晚饭后，米勒太太把餐具收拾干净，便坐下来翻开了一份晚报，一家电影院的广告闯入了她的眼帘。于是她立即披上了她的海狸皮大衣，穿上高统胶靴，走出了公寓。她只在一进门的地方留了一盏灯，因为天下最使她不安的莫过于黑暗了。

寒气袭人的小雪轻盈地从天空飘落。伴着纷飞的细雪，米勒太太来到了电影院。售票处前已经排了长长的一队人，于是她便站到了队尾。中途她还买了包薄荷糖。

队伍往前移动得很慢。这时，她发现了屋檐下站着一个小女孩。

米勒太太还从未见过那么长那么怪的头发，银白色的发丝就好像白化病患者的一样，令她大吃一惊。小女孩的身材看上去很是瘦弱、单薄。虽然是个女孩子，可她却像男孩子一样将两个拇指插在定做的深紫色天鹅绒外衣口袋里，别具一番单纯独特的魅力。

当小女孩看向米勒太太时，她回报以热情的微笑。女孩儿不假思索地走了过来，开口说：

"您能帮我买张票吗？不然只有我一个人的话，他们是不会准许我进去的。"

于是她们两个一起走进了电影院。再过20分钟，前一场电影就该散场了。米勒太太端详着眼前这个俨然贵妇人般的小女孩,发现她生着一双淡褐色的、沉着的大眼睛,看不出一丁点儿的孩子气。这双与众不同的大眼睛,几乎占满了她小小的脸庞。米勒太太询问她的名字,小女孩回答说,她叫米利亚姆。米勒太太吃了一惊,因为她的名字也是米利亚姆。

米利亚姆用舌头拨弄着米勒太太送给她的那块薄荷糖。

雪飘了整整一个星期。朔风中飞舞的雪花笼罩着一切,米勒太太也失去了时间的概念。对于被雪堵在家里的她来说,星期五和星期六已经没有了什么区别。

这天晚上,米勒太太独自一人吃完晚饭,往脸上搽了些冷霜之后便坐在床上读起了《时代》杂志。这时,门口的门铃突然开始执拗地响了个不停。她看了看表,现在都已经11点了。可铃声仍然不住地在响,直到米勒太太把门打开了一条缝。

门外站着的居然是身穿深紫色天鹅绒外衣的米利亚姆。米利亚姆迅速进入了她的房间,然后旁若无人地在屋里随意地走来走去。"我想吃夜宵。花瓶里的那些假玫瑰花可真没意思啊。我想吃甜食。"在这里,米利亚姆毫不见外地说着自己想说的,做着自己想做的一切。她随手打开了米勒太太的珠宝箱,从里边拿出了一枚宝石胸针别在自己的丝绸衣服上。就连笼子里的金丝雀也莫名其妙地开始唱起歌来,平时它只有在早上才会歌唱的。

她为什么要来这里?米勒太太出神地想着,拿火柴的手不停地发抖,直到火苗烫疼了手指。她感到自己受到了虐待,受到了恐惧的威胁,一种疲劳困倦的感觉向她袭来。

米利亚姆终于离开了她的家。第二天,米勒太太整整在床上躺了一天。

新的一天来到了。云消雪霁,外面的天气如同春天一般温暖。米勒太太打开房门,走进了街上那间久违的杂货铺。

她买了6支白玫瑰;又买了一只玻璃花瓶,预备代替米利亚姆临走时打碎的那只;还买了一袋糖渍樱桃以及杏仁蛋糕……尽是些米利亚姆喜欢吃的甜食,那天晚上她还死乞白赖地想要米勒太太端给她吃呢……为什么会买这些东西,连米勒太太自己都觉得匪夷所思。

那天傍晚整五点时，门铃响了，门外的是米利亚姆。只见她怀里抱着一个法国玩具娃娃，还拖着一个硕大的箱子，那里面装的全是她自己的衣服。

"我这次来，是想和你住在一起。哎呀，你还给我买了糖渍樱桃！还有玫瑰花儿！还有杏仁蛋糕！真是太好了！我在这里住着一定会过得很幸福的！"

米勒太太跌跌撞撞地冲出门去，叩响了楼下一户人家的大门。来开门的是一个红头发男人。她把他推到一边，冲进了屋。米勒太太十分激动，大喊着诉说一个奇怪的女孩子闯入了自己的房间，吓得她实在没办法了，那个小女孩甚至还偷走了她的胸针！于是男人便走上楼去一探究竟，而他的妻子则陪着米勒太太静静地待在他们的家里。

没过多久，男人回来了。他颇为尴尬地说：

"那里可是没有人。"

"你可真是个蠢货。"男人的妻子说。

米勒夫人回到了她的房间，却发现房间里根本就没有什么箱子，也没有米利亚姆的身影，一切都没有任何的变化：玫瑰花、蛋糕、樱桃以及熟悉的家具……全都按部就班地摆在空旷的家中。殡仪馆似的房间里没有半点的生气，就好像化石那般的冰冷，一片死寂。

假设米利亚姆依然蜷缩在那个沙发上面，房间里也许就不会显得那么空旷可怕，那么咄咄逼人。米利亚姆去哪里了呢？米勒太太独自一人居住在这个房间里，自己一个人吃饭，一个人喂养金丝雀……她只有靠着自己，聊以度过残生。她知道这点。

突然，她听见了两种声音：镜台的抽屉一开一关的声音，以及绸裙的窸窣声。这时，米勒太太睁开混浊木然的双眼。

"晚上好。"米利亚姆说。

这个故事很短，就像才写了三分之一似的。可也是这部精短的小说，直面了老女人的孤独，并将这种孤独情绪刻画得淋漓尽致。

除此之外，卡波特也曾书写过独自一人从乡下来到纽约生活的办公室白领的孤独。我们每一个人，都曾产生过米勒太太那种孤独生活幻想的影子。我们受它威胁，也得它宽慰。米勒太太是我，也是您。

失恋的那种孤独，在新的情人出现时便会烟消云散。

被友人背叛的孤独，也会在新的朋友出现时一扫而空。

爱人先行一步的孤独也是一样，岁月和时光会成为治愈这种孤独的良药。一周忌、三周忌、七周忌……就像越揭越薄的纸一样，这种痛苦也会日渐淡漠。

所有的孤独，一旦好好看透了它们的原型的话，便会发现孤独都有它存在的原因。若是除去了那个原因，那么作为那个原因所产生的结果的孤独，便会自然而然地烟消云散了。而只有衰老带来的孤独，其原因是和生命紧密相连的。也就是说，从出生时，孤独就已经作为生命的内涵被包在其中，所以无法对抗。

说到逃避衰老的方法，那就只有一个——早逝。就算不是早逝，人们只有通过死亡这一条途径，才能从衰老的侵蚀中解脱出来。

人生至死，衰老都如影随形，我们无法做到让它远离生命、独自开展旅行。总之，衰老是我们终其一生都无法甩掉的孽缘，是一种毫无治愈可能的病症。只有死亡，才能将这段孽缘从我们身上斩断。

因此，对于衰老带来的孤独感，我们最好就像对待我们的衣物那样，还是将它穿在身上吧。

就像平时穿衣服那样,一旦我们习惯于穿上孤独,我们就不会成为这种情绪的俘虏了。如果我们有一天忘记穿上它,就会发现我们也并不会为此而感到任何不自由,那时的心境就像赤身裸体时一样的自由自在。这也不是毫无可能的吧?

愿每个人老去时都能遇到一个贞心尼

"您觉得暖和些了吗?"

"嗯,感觉后背上有个小太阳,心情好极了。"

"既然这样,那就睡一会儿吧,一直酣睡到天明。"

——濑户内寂听《手毬》

关于良宽[1]的故事,我曾经在《手毬》这部小说中写

---

1. 良宽,日本曹洞宗僧。俗姓山本,字曲,号大愚。越后国(新潟县)三岛郡出云崎人。1774年,入同国尼濑光照寺,随玄乘破了剃发受戒。七年,从备中国(冈山县)玉岛圆通寺国仙穷究曹洞宗旨,并嗣其法。其后游历诸国。1797年,于长冈国上山结五合庵,后于山下乙字祠畔庵居。晚年移居岛崎村木村别斋之别庄。享年七十四岁。

过。说起良宽，外界传言他总是一天到晚地带着手毬[1]和孩子玩耍，还特别喜欢玩捉迷藏的游戏。然而与此同时，他还是一位严格修行的得道高僧。

在他70岁的时候，曾偶然遇见了一位不满40岁的名叫贞心尼的尼姑。至今，世间还流传着二人创作的无与伦比的相闻歌[2]。

> 想忘的却忘不掉，
> 想来的亦来不了。
> 脉脉期冀君前来，
> 却未闻有脚步声。
> 黄金遍地不为动，
> 美玉倾城心不贪。
> 不及美人踏雪来，

---

1. 手毬，又称手鞠，是日本自古以来就有的一种玩具，亦是"新年"的季语。最初球芯只是缠绕一些线所做出的东西，约16世纪末，球芯换成以棉线做出的高弹性球体，并在上面缠绕彩色丝线形成几何图形，所作出的玩具即是手鞠。大多比垒球大，比手球小。
2. 相闻歌，与杂歌、挽歌相并列，为《万叶集》的三大类别之一。以亲友之间相互赠答的和歌为主，恋歌占绝大多数，后来只指恋歌。

缱绻一笑赛阳春。
日夜望春数几度，
梦里盼君几回多。
待到春日喜相见，
枯木回春绿草堂。
而今唯有凭栏畔，
何日方能得梦圆。
庭前来去空无客，
聊以吹雪寄相思。

良宽和贞心如此讴歌这热情而温暖的人间之爱，他们二人的恋情，正是柏拉图式的精神纯爱。

良宽此前在冈山县玉岛的圆通寺修行，回到故乡新潟之后，他便独自来到国上山的五合庵，或是干脆把山脚下乙子神社的社务所当成草堂，一个人住在了那里。五合庵只不过是山顶上的一座相当小的草堂，他却在那里过上了只身一人的生活。平日里，他便下山去向村里人化缘；下雪时，积雪封路无法下山，他便数日不吃不喝地在草堂里睡觉。他在五合庵的生活大抵便是如此。

在和贞心尼邂逅时，恰逢他住在乙子神社的后期。后来，岛崎村的富商——能登屋木村元右卫门在自己家中建造了一座草堂，良宽便住进了那里。能登屋的家就安在镇子的中心，和五合庵、乙子神社之类的草堂相比，这里的生活更加方便。可即便如此，良宽也没给能登屋添麻烦，饮食起居也是自行处理。

良宽在自己的和歌中咏叹道：

> 岩洞田中一棵松，绝世独立啸西风。
> 骤雨疾来孤身应，唯有松伞做斗笠。

孤零零的一棵松树独自在雨中挺立着。单是看到这个场景，就会情不自禁地由木及人、从雨中松树的孤单联想到人类的寂寞情绪。在你我的心中，想必都已经深深体味到了诗作中所传达的体恤之情、寂寥之意了。正因为他经久消受着平日里的孤独生活，这首诗作才充满了体贴和温柔的气息。难道不是吗？

他的体质绝对称不上健康，甚至还经常生病。病中，他曾吟有如下诗句，聊以抒发寂寞之情。

> 老病缠身催人怜，夜不能寐不得眠。
> 四壁昏昏少生气，暗夜渐深无二人。
> 烛火焰灭炉无炭，唯有凄凉共枕衾。
> 缘何如此未可知，只道我心意缱绻。

> 黑夜乌藤风影动，移步庭院寻梦回。
> 众星罗列秃树花，远溪流落无弦琴。
> 此夜此情诚难得，它时它晨对谁吟。

让我们用现代语来试着把它翻译一下吧。

> 身负病朽之躯，辗转反侧无以安眠，
> 夜深人静之处，灯光炭火无以为继。
> 寒意袭来，寂寞肆无忌惮，无处可逃，
> 起身，扶杖信步闲庭，且听风吟。
> 夜空群星璀璨，宛若枯木添新花，
> 彼处溪流潺潺，恰似无弦琴幽咽。
> 今夜孤愁意缱绻，它日说与何人听？

这样的寂寞，只会让人后背发凉打寒战。良宽能作出这样的诗，孤寂之情可见一斑。

最后得病的时候（据说可能是直肠癌），良宽饱受腹部锐痛之苦，彻夜不得安眠。庵外雪花纷飞，良宽悲歌作曰：

> 黎明何时来？
> 秽物满衣裳。
> 若无女子净衣物，

诚恐黎明不再来。

良宽久病缠身，孤独侵体，浑身沾满了屎尿而不能自理。他只能守着这漫漫长夜，孤单地等待着黎明的到来。这首和歌，便将他此时此刻的悲怆之情表现得淋漓尽致，外人读来，想必也会感同身受。这里所说的女子，大抵就是能登屋家的女佣。

在良宽临终之前，贞心尼赶到他的床前侍奉左右，里里外外地悉心照料。

我想象着贞心尼照顾良宽时的样子，在《手毬》中作了如下描写。

我帮良宽先生清洁了一下身体，这下他该安心了吧？请好好休息吧。随后，我点亮了炉中的炭火，烧上一铁壶水。热气腾腾的开水在铁壶中吐着开心的泡泡。

临近清晨的时候，我坐在墙角睡得迷迷糊糊。这时，良宽先生从睡梦中醒来，开口说：

"后背凉。"

我低头一看，他自己的被褥依然在肩膀的位置坚挺着，没有一点缝隙。可即便这样，他还是一再地说冷。

我突然明白了他的意思，便抱着被子来到良宽先生的床前，滑进了他的被窝。

贴身而卧，我用自己的体温温暖着先生的后背。我把右手搭上良宽先生的身体，尽量不给他施加负担，而是温柔相拥。他的双脚像冰棍一样冰冷，我便将它们埋在自己那小火炉般的双脚之间，传递以热量。

良宽先生舒适地享用着这一切，对我没有任何拒绝的意思。

四周一片寂静。萦绕耳畔的，就只有我们二人平静的呼吸声，铁壶中热水的咕嘟声以及呼呼的松涛。

良宽先生的呼吸和我的呼吸融为一体，仿佛待在这个房间里的就只有一人。

"您觉得暖和些了吗？"我询问道。

"嗯，感觉后背上有个小太阳，心情好极了。"

"既然这样，那就睡一会儿吧，一直酣睡到天明。"

没过多久，就传来了良宽先生熟睡的呼吸声，然后我们的呼吸声又一分为二了。我悄悄地挪开身子，翻身下床。被窝外面竟然出乎意料的凉飕飕，冻得我不由得想要打个喷嚏，紧张得我连忙张开双手捂住了嘴。

自那之后，良宽先生又活了几日。正月初六，他在别人的搀扶下端坐起身子,郑重地迎接了死亡的到来。享年 73 岁。

在看过我所描写的贞心尼的看护情节之后,一位 82 岁的实业家感慨道:

"我也想这样被人照顾着迎接死亡。这般温柔的贞心尼,正是我们这些孤独老人的梦想啊。"

朝气蓬勃地老去

> 试着在退休后投入到自己最想做的工作之中去,说不定还会就此找到人生的新意义。

1991年9月15日的敬老日,我国总务厅统计局公布了老年人口推算值。根据数据记录,截至15日,65岁以上的老年人口已达1553万之多,占总人口比重的12.5%,不管是人口数量还是所占比例均已创造了历史新高。

同去年相比,老年人口增多了65万人,所占比例也提升了0.5%。

5年前的1986年,老年人口总数1280万人,占比10.5%。老年人口的增长率叫人瞠目结舌。

如果照这般态势继续增长下去,到2025年将达到3151万人,占比25.4%,成为一个每4个人当中就有一位 65 岁以上老人的人口老龄化大国。

同外国相比，老人所占比例将远超欧洲诸国。

瑞典　17.8%

英国、丹麦　15.6%

法国　14%

美国　12.3%

届时，以上各国将达到如此比例，而日本将与美国大致相同，在发达国家中相对较低。然而，日本的老龄人口增加率十分迅猛。瑞典历时 85 年，老龄人口所占比才从 7% 到 14%；而相比之下，日本老龄人口所占比要达到 14%，预计只需要短短的 25 年。到 2000 年左右，日本将超过瑞典，成为世界上老龄化程度最高的国家。[1]

另外将男女分开来看，在老龄化人口中，女性所占比例更高。在 85 岁以上的人群中，男性有 37 万，而女性却有 81 万，女性人数竟是男性的两倍还多。

女性要比男性长寿得多。

如此看来，我们或许也可以这么说，那就是女性体

---

1. 原版书在日本首次出版时间为 1991 年，此数据为作者写本书时的推测。

味衰老和孤独的时间同时也会长得多。

1990年一年之间，老人自杀者的数量多达6141人，其中男性2894人，女性3247人。在这方面，也还是女性的数量比较多。

老人自杀的动机有75%是因为病痛。相对于家庭问题和经济问题，病痛取得了绝对的胜利。

从这份统计数据来看，我觉得时下将65岁以上的人群称为老人似乎有所不妥。

据说，用不了多久，现在的年轻人就不得不开始肩负起供养数个老人的义务了。如果将老人的定义至少定在70岁以上，会产生怎么的后果呢？理所当然的，退休年龄会延长至70岁。

像政治家等，不也有70多岁仍在为国家和人民服务的吗？

现在的人营养好了，老人的身体条件也变得相当不错了，都呈现出年轻化的发展态势。门球也不再是唯一能令老年人神魂颠倒的东西了。如今，在像我们这样的自由职业者中，也有65岁以上的老人仍然笔耕不辍。

这其中也有一些头脑迟钝的老人，但和其他职业相比，我觉得年老昏聩者还算是少之又少的。

在我看来，就算是退休之后，与其在家被妻子说成是粘着人不放的湿落叶之类，倒不如趁着这个机会，试着投入到自己最想做的工作之中去，说不定还会就此找到人生的新意义。

愿你一生不舍爱与自由

> 只要您喜欢，随时随地都可以开始一场说走就走的旅行。孤独最美好的馈赠就是自由。

这是数年前，我在丝绸之路的前苏联路段上参加远足时候的事情了。令人吃惊的是，在这 20 人的团队中竟有 4 名 65 岁以上的老人。在这骄阳似火的 8 月，冒着 50 度的酷暑热风，这场旅行绝对不会轻松。能来参加这般残酷旅行的人们，也算是别具一格，其中有个性的人也很多。在这之中，年龄最长的当属 T 夫妇，他们一个 70 岁、一个 69 岁。紧随其后的是 67 岁的 H 太太。H 太太在公司里做了 30 年的职员，退休之后又被盛情邀请去了另外一家公司从事会计工作。据说，她就是趁着换工作时间充裕才来参加这次旅行的。她看上去要比实际年龄年轻得多，是个高雅又可怜的银发职业女性。

T 夫妇这一对，自从原先担任过中学教师的 T 先生

第 9 夜　愿你此生尽兴

退休以来，他就立志要攀登日本国内的一百座高山，而且在今年春天就已经完成了任务。为此，他便前来苏联参加丝绸之旅这个旅行，以作纪念。自从攀登百座山开始，他的妻子就一直陪伴左右。

这种精神气儿，就连年轻人都得甘拜下风吧？尽管旅行中不断有人生病，但这三个人居然连一次发烧都没有过，也没有拉肚子，真是厉害。

H 太太十年前就成了寡妇，虽然文静，但却绝没有一点阴郁的影子。每当前往一处，她的动作比谁都快，不论何事何物，她始终都持有一颗好奇之心。

一个晚上，在酒店露台上仰望星空时，我曾与 H 太太彻夜长谈。

"看着 T 夫妇两人关系那么好，真的好开心啊。说起来，这就是夫唱妇随吧。T 先生总是顺着太太的想法，她想去做什么便去做什么，这样的他好有大丈夫的风范啊。"

那个时候，我才第一次知道原来 H 太太是个寡妇。

"丈夫去世以后，我曾一度悲伤到不能自拔。风吹花落，雨临鸟鸣，一切的一切都能让我想起自己那早逝的丈夫，便会悲从心起，泣不成声。然而在这期间，我突然意识到自己不知从什么时候开始已渐渐变成了个老太太，简直吓了一跳。要是丈夫还活着，恐怕他也会讨厌这般难看的自己吧？于是，我在那天去烫了个头发，然后把头发染成了紫色，最后又去精品店买了一身新衣服。随后我又报了个旅行团，前往丈夫喜欢的印度游玩了一圈。打那以后，我就跟着了魔似的，带着丈夫的照片一起，报团去了他生前喜欢的许多地方旅行。比如说中近东[1]、中国、丝绸之路延线国家等等。"

"我有3个孙子。丈夫去世以后，我便一个人搬进了公寓开始了单身生活。孩子们都相继成立了自己的小家庭。我自己做人媳妇时觉得十分辛苦，所以不想再让儿媳妇为我操劳了。"

H太太一边这么说着，一边指向星空中那些不知名的星座，将它们的名字一个一个地介绍给我听。

"那都是我从我家先生那里学到的呢。度蜜月的时候，他指着那些星座讲给我听，我当时就在想，能够嫁

---

1. 中近东，指中东和近东，一般是泛指从巴基斯坦到埃及一线的亚洲国家和个别北非国家。

给这样的一个人真是太幸福了。我们俩当时差不多算是相亲结婚的。他也曾参加过战争，不过最终还是平安归来了……就算到了老年，我也从未有过如此的自由和精神上的富足。就算哪天我终归会走上黄泉之路，但只要能和丈夫重逢，对我而言，死亡也就不足为惧了。如果相见了，我便会带上精心记录的旅行日记，将这其中的风土人情以及旅途轶事讲给他听。"

驯养孤独，在旅伴身上发现了这点，对于她的那种丰富心境，我也是受益良多。

啊，是吗？您也报团参加了新春里的印度巡礼之旅？真是不错。

现在的旅游局的配套服务也都做得很好了，酒店也做了相应提升，旅行会变得轻松欢乐很多。我一般每年都会去重走一番，而且每次都会发现可喜的变化，真是让人欣喜。只有水却是绝对不能喝，就连酒店的水也不行。冰也不行，只要遵守了这一点就不会发生腹泻的情况了。

在觉得寂寞难耐时就去旅行吧！这比什么都管用。

在旅途中，大自然会温柔地包容起你那寂寞的心灵和疲惫的身体，旅行不仅可以调节心情，说不定还能邂逅意想不到的缘分和好友。不管是谁，我都会强力推荐，寂寞的时候就去旅行吧。

难道您不认为，孤独和自由是同义的吗？只要您喜欢，随时随地都可以开始一场说走就走的旅行。孤独最美好的馈赠就是自由。

那么，请慢走。旅途归来之后，还请再来庵里详聊。

路上注意安全。祝您一路平安。